KB237673

이슬람 금융

이슬람 금융

누카야 히데키 지음 | 박미옥 옮김

살림Biz

급속하게 확대되는
이슬람 금융에 주목하라

2001년 9·11 테러 이후 세계적으로 이슬람 금융이 급속하게 성장하고 있다. 원유 가격이 급등하면서 중동을 비롯한 산유국에 거액의 오일머니가 축적되었고, 축적된 오일머니를 이슬람교에 적대적인 미국에 투자하는 것에 대한 우려가 중동 각국에서 일고 있기 때문이다.

게다가 이슬람교도(무슬림)로서 이슬람교를 지키려는 이슬람 회귀 경향을 만족시키는 이슬람 금융 방식이 일반 금융 기술의 진보에 의해 가능하게 되었다는 점도 큰 영향을 미쳤다.

지금까지 이슬람 금융은 몇 차례 부흥의 움직임을 보였으나 대체로 소비금융 분야의 서비스 수준에 그쳐 눈에 띄게 확대되는 일은 없었다. 그러나 최근에는 소비금융 분야에만 머물지 않고, 이슬람 채권인 스쿠크(sukuk)의 증가, 채권 및 투자신탁, 프로젝트 파이낸싱(Project Financing, 은행 등 금융기관이 사회간접자본 등 특정 사업의 사업성과 장래의 현금 흐름을 보고 자금을 지원하는 금융 기법) 등 생산금융 분야로까지 확대되는 경향을 보이며 본격적인 확대의 시기를 맞이하고 있다.

이슬람 금융은 이슬람교도가 아닌 사람들도 이용할 수 있다. 때문에 비이슬람 금융권에서도 금융 수단의 하나로서 이슬람 금융을 이용하려는 시도가 나타나고 있다. 현재 전 세계의 무슬림 인구는 15억 정도이나, 높은 인구 증가율을 자랑하는 무슬림이 20년 후에는 세계 인구의 3분의 1로 증가될 것이라는 예측에 따라 이슬람 금융에 대한 수요는 더욱 커질 전망이다.

이슬람 금융에 대한 세계적 동향 파악이 분주한 가운데 무슬림 인구가 소수에 지나지 않는 일본에서는 이슬람 금융에 대한 관심이 아직은 크지 않은 단계다. 때문에 그에 따른 지식 축적도 제대로 이루어지지 않고 있다. 이슬람 금융의 기본적인 방식은 일반 금융 수단 — 이 책에서는 종래의 전통적인 금융을 이슬람 금융과 구별하여 일반 금융이라 부른다 — 을 활용하되 일반 금융의 근간인 이자 수수를 금지하는 등 차이점도 많다. 이 책에서는 이 같은 이슬람 금융의 전체적인 흐름 및 최신 동향을 소개하고자 한다.

이 책의 구성은 다음과 같다. 제1장에서는 이슬람 금융의 확대 배경을 몇 가지 요인으로 나누어 분석한다. 중동과 아시아의 경제 관계가 더욱 긴밀해지는 상황에서 그 매개체 역할을 하는 것이 다름 아닌 이슬람 금융이다. 일본도 아시아의 일원이므로 이러한 관점에서 이슬람 금융에 대해 접근할 필요가 있다. 제2장에서는 이슬람 금융의 기본 원리 및 방식을 소개하고자 한다. 이어지는 제3장에서는 이슬람 금융시장의 동향을, 제4장에서는 이슬람 금융을 담당하고 있는 이슬람 은행들을 소개한다. 그리고 제5장에서는 이슬람 금융 확대에 대한 비이슬람교국의 대응으로서 영국(런던)과 싱가포르의 동향을 소개한다. 이슬람 금융은 현재 이슬람교국 및 무슬림들만의 금융 수단으로 존재하는 것은 아니다. 비이슬람교도들의 이슬람 금융 상품에 대한 투자도 나날이 증가하고 있다. 따라서 이 두 나라의 움직임은 향후 이슬람 금융이 세계적으로 어떻게 확대될 것인지를 예측하는 데 중요한 잣대가 될 것이다.

제6장에서는 이슬람 금융의 과제와 전망을 살펴보고자 한다. 이슬람 금융의 미래를 이야기할 때 두 가지의 견해가 있다. 하나는 이슬람 금융의 확대에는 한계가 있어 결국 큰 점유율을 차지하지 못하고 막을 내릴 것이라는 의견과, 지속적인 확대를 통해 이슬람 금융이 국제 금융의 핵심적인 흐름이 될 것이라는 전망이 다른 하나다. 현재의 이슬람 금융은 다양한 문제점과 과제를 안고 있으며, 해결을 위한 시도가 적극적으로 전개되고 있다. 그래서 제6장에서는 이슬람 금융에 대한 과제와 전망, 그리고 그 핵심요소를 살펴볼 것이다. 마지막으로 제7장에서는 일본의 이슬람 금융의 이용 가능성을 살펴보고자 한다.

현재 세계에서 이슬람 금융시장의 핵심적인 기능을 담당하는 나라는 중동의 바레인, 아시아의 말레이시아다. 이 책에서도 바레인을 비롯한 중동의 각국과 말레이시아의 이슬람 금융 동향을 중점적으로 다룰 것이다.

이슬람 금융에 관한 참고 자료가 극히 적은 상황에서 이 책이 이슬람 금융을 이해하는 데 조금이나마 역할을 할 수 있기를 기대해 본다.

머리말_ 급속하게 확대되는 이슬람 금융에 주목하라   4

제1장 이슬람 금융의 확대 배경

1. 이슬람교의 확대   13
2. 급증하는 오일머니   16
3. 페르시아 만 국가들의 경제다양화 모색   21
4. 중동과 아시아 간의 경제 관계 긴밀화   27

제2장 이슬람 금융의 계획

1. 이슬람 금융의 역사와 기본 원리   33
2. 이슬람 금융의 방식   44
3. 이슬람 채권과 이슬람 보험   61

제3장 이슬람 금융시장

1. 세계의 이슬람 금융　　71
2. 이슬람 은행 시장　　75
3. 이슬람 채권 시장　　83
4. 기타 이슬람 금융시장　　100

제4장 이슬람 금융을 담당하는 이슬람 은행

1. 이슬람 금융에 관한 국제기관　　117
2. 이슬람 은행　　122
3. 이슬람 은행 운영상의 문제점　　148

제5장 비이슬람 국가들의 이슬람 금융 확대 동향

1. 영국　　160
2. 싱가포르　　166

제6장 이슬람 금융의 과제와 전망

1. 이슬람 금융의 과제　　173
2. 이슬람 금융의 전망　　181

제7장 일본의 이슬람 금융

1. 일본의 이슬람 금융에 대한 태도　　191
2. 일본에서 이슬람 금융의 가능성　　194

맺는 말　　199
참고문헌　　202

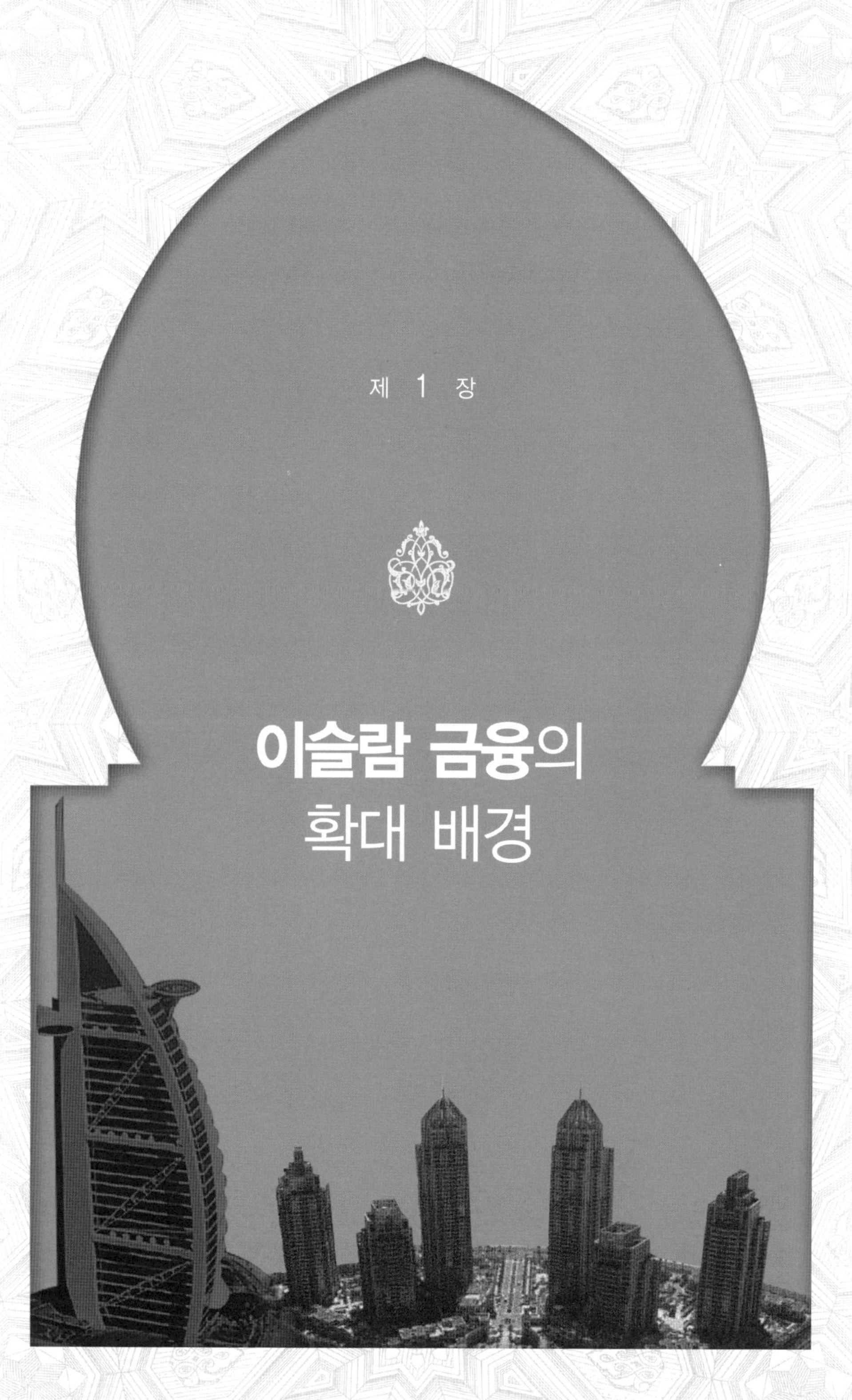

제 1 장
이슬람 금융의
확대 배경

01

이슬람교의 확대

이슬람 금융을 살펴보기 전에 우선 세계적으로 확대되고 있는 이슬람교에 대해 대략적으로 살펴보자. 1971년에 이슬람교 국가들로 구성된 이슬람회의기구(Organization of the Islamic Conference, OIC)가 창설되어, 현재 57개의 나라 및 지역이 가맹되어 있다. OIC 가맹국의 경제성장률은 6% 전후로 동아시아, 미국, EU를 웃도는 고도성장을 지속하고 있는 가운데 2006년의 지역내 총생산(GDRP)은 약 5조 8,000억 달러로 추정된다. 또, OIC 가맹국의 무역흑자액은 약 4,000억 달러로 중국의 3배에 달한다.

세계적으로 이슬람교도(무슬림)의 인구는 약 15억 정도이며, 세계의 종교 인구 비율로 보면 가장 높은 기독교(점유율 33%)에 이어

2위로, 세계 인구의 약 20%를 점유하고 있다. 무슬림의 특징 중 하나인 높은 인구 증가율을 감안한다면 2030년대에는 세계 인구의 3분의 1을 차지하면서 기독교를 제치고 세계 최대의 종교가 될 것으로 예상된다.

더구나 무슬림은 이슬람교 국가에만 존재하는 것이 아니라 세계 각국에 폭넓게 분포하고 있다. 세계 최대의 무슬림 인구를 자랑하는 나라는 인도네시아(무슬림 인구 1억 9,500만 명, 인구 비율 88%)이며, 파키스탄(1억 5,750만 명, 인구 비율 97%), 인도(1억 5,450만 명, 인구 비율 13.4%), 방글라데시(1억 2,700만 명, 인구 비율 88.3%), 터키(735만 명, 인구 비율 99.8%) 등이 그 뒤를 따른다. 지역별로는 아시아가 최대의 무슬림 인구를 포함하고 있으며, 전체 인구의 22.4%나 된다. 이슬람권 이외의 선진국에도 무슬림들이 상당수 존재하는데, 유럽을 살펴보면 프랑스에 약 7,000만 명, 독일에 약 3,000만 명의 무슬림들이 살고 있다. 또 중국에는 3,900만 명, 러시아에는 2,700만 명으로 전체 인구에서의 비율은 비교적 낮은 편이지만 상당수의 무슬림이 존재한다. 참고로 일본의 무슬림 인구는 약 1만 7,000명, 점유율 0.14%로 다른 나라에 비해 매우 적은 편이다. 인구는 경제성장을 뒷받침하는 중요한 요소다. 무슬림 인구의 증가는 앞으로 이슬람 경제의 확대에 더욱 박차를 가할 것으로 보인다.

국가 및 지역	인구(100만)	무슬림 인구(만)	무슬림 인구 비율(%)
아프리카	923.20	442.88	47.97
중동 · 서아시아	217.70	198.86	91.34
GCC 회원국	35.80	35.53	99.25
남 · 중앙아시아	1,644.70	585.66	35.61
인도	1,121.80	154.50	13.40
파키스탄	165.80	157.53	97.00
동남아시아	564.40	226.69	40.17
인도네시아	225.50	195.27	88.00
말레이시아	26.90	15.40	59.00
동아시아	1,543.70	39.69	2.57
중국	1,311.40	39.11	3.00
일본	127.80	0.18	1.14
유럽	729.70	50.90	6.98
영국	60.10	1.51	2.50
프랑스	60.70	6.12	10.00
독일	82.50	3.05	3.70
북미	331.70	7.12	2.15
미국	299.10	6.31	2.11
중남미	566.05	3.07	0.54
오세아니아	33.54	0.60	1.79
합계	6,554.69	1,555.48	23.73

주 : GCC(걸프협력회의) 회원국은 사우디아라비아, 쿠웨이트, 아랍에미리트연방, 바레인, 카타르, 오만을
　　포함한 6개국을 가리킴.
출처 : http://www.islamicpopulation.com

급증하는 오일머니

원유 가격의 상승은 원유 생산국 및 수출국에 거액의 오일머니를 유입시켜 주었다. 최근 이슬람 금융의 급속한 확대는 이슬람 자금의 공급과 수요라는 양 측면에서 그 요인을 찾을 수 있는데, 우선 공급 면의 요인으로는 무엇보다 오일머니의 증가를 들 수 있다.

원유 가격은 두바이산 원유 기준 1배럴당 1999년에 17.08달러에서 2000년에는 26.09달러로 대폭 상승한 후, 2001년에는 22.71달러, 2002년에는 23.73달러로 소폭의 하락세를 보였다. 그러다 2003년 이후 급상승세를 타면서 2005년에는 49.20달러, 이어 2006년에는 61.43달러를 기록했다. 2006년 후반부터는 다시 소폭의 하락세를 보이다가 2007년 중반에는 다시 최고치에 달하는 급등세를 보이고 있다. 원유 가격의 급격한 상승 배경에는 세계적인 경기 회복과 더불어 중국, 인도 등의 신흥국에서 원유 수요가 급격히 증가한 점, 미국 중심의 원유 정제 능력이 한계에 도달한 점, 이란의 핵개발 문제와 함께 산유국의 지정학적 위험도가 높아진 점 등 여러 가지 요인이 존재한다.

뉴욕 연방준비은행은 2006년 산유국 전체의 오일머니(산유국의 수출총액)는 약 1조 5,000억 달러로, 2002년에 비해 약 3배 정도 증가한 것으로 추산하고 있다. 원유 수출로 유입된 산유국의 재정수입은 경제 확대에 따라 증가한 수입 대금 지급, 정부 채무 상환, 외화준비, 원유 가격 하락에 대비한 준비금, 국내 인프라 투자 등에 투입되고, 나머지는 증권투자 등의 대외투자에 돌려지는 것이 일반적이다.

대외로 유출(투자)된 자금량을 단적으로 보여 주는 것이 경상수지의 추이라고 할 때, 국제수지에서 경상수지의 흑자는 자본수지의 적자와 대응하는 것으로 얼마나 많은 자금이 대외로 유출되었는지를 보여 준다. 원유 수출에 따른 오일머니의 유입이 가장 많은 곳은 중동 지역이다. 그 중심에 있는 걸프협력회의 회원국(Gulf Cooperation Council, GCC)의 경상수지 추이를 살펴보면, 경상수지 흑자액이 2000년에 491억 1,000만 달러였던 것이 2006년에는 2,080억 달러로 급격하게 증가했다. 또 외화준비고의 증감 추이를 살펴보더라도 2004년에 83억 5,000만 달러, 2005년에는 71억 3,000만 달러의 증가를 보였다. GCC 회원국에서는 정부 채무 상환이 이루어지면서 대외투자로 돌려지는 자금의 비율이 상대적으로 크게 나타나고 있다.

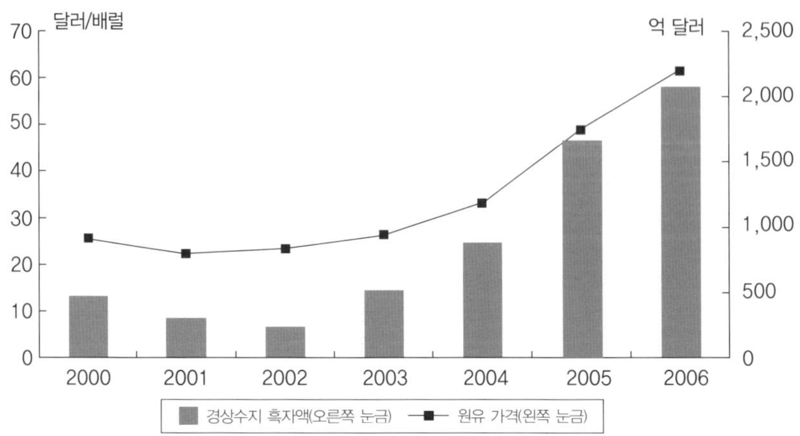

주 : 원유 가격은 두바이산 기준 가격
자료 : IMF, 〈International Financial Statistics Yearbook 2006〉 등

외화준비고를 살펴보면 준비금의 성격상, 운용할 때는 무엇보다 안정성이 중시되어 미국채를 중심으로 한 운용이 주류를 이룬다. 그러나 그 밖의 대외투자에 관한 상세한 내용은 불투명한 점이 많은데, 그 이유는 중동 각국에서는 왕족 등의 사적 펀드 또는 런던 국제금융센터 등을 통해 투자되기 때문에 투자자로서 표면적으로 드러나는 부분이 제한적이기 때문이다.

예를 들어 미국채 보유자(미국 내 비거주자)에 대한 국가별 추이를 살펴보면 산유국의 미국채 보유액은 2003년 연말에 426억 달러(점유율 2.8%)이던 것이 2006년 연말에는 1,009억 달러(점유율 4.5%)로 약 2.3배의 증가를 보였다. 한편 런던에 금융시장을 거느린 영국은 같은

[표 1-3] **미국 내 비거주자에 의한 미국채 보유 현황(각 연말)**

자료 : 미국 재무성

기간에 822억 달러(점유율 10.8%)로 약 3.5배나 증가하여, 산유국을 훨씬 능가하는 급증세를 보였다. 이는 산유국의 오일머니가 런던 금융시장을 경유하여 미국채에 투자되고 있음을 나타내는 것이다.

중동의 오일머니가 투자되는 곳은 지금까지 주로 유럽과 미국이었지만, 9·11 테러 이후 미국에서 자금 흐름에 대한 감시 및 압박이 강해지면서 이슬람 자금이라는 이유로 묶이지는 않을까 하는 우려가 생겨나기 시작했다. 그러면서 새로운 투자 대상으로서 눈을 돌리게 된 곳이 아시아였다. 중동과 아시아 지역의 경제 관계가 긴밀화되고 있다는 점은 나중에도 언급하겠지만, 이처럼 새로운 투자 대상을 물색하고 있는 중동권의 자금을 이슬람 금융 수법을 통해 흡수하고자 하는 움직임이 말레이시아를 중심으로 크게 일었다. 이 같은 움직임이 최근 이슬람 금융 확대로 이어지고 있는 셈이다. 이슬람 금융의 서비스 제공은 9·11 테러와 이라크 전쟁을 겪으면서 무슬림들이 종교의식을 높여 이슬람교로 회기하려는 움직임과 궤를 같이 한다. 또 오일머니는 일본을 포함한 아시아 지역에도 투자되고 있는데, 아시아 각국도 경상수지 흑자를 보이며 국제 금융시장에서는 자금의 출자자 역할을 하고 있다. 이것은 다시 말해, 아시아권으로 유입된 오일머니가 최종적으로는 미국 투자의 원천이 되고 있음을 말해준다.

이슬람 금융

03

페르시아 만 국가들의
경제다양화 모색

▮ 탈석유 지향의 경제개혁

이슬람 금융의 확대 요인을 이슬람 자금의 수요 측면에서 살펴보면 GCC 국가들의 인프라 구축 및 정비에 거액의 자금 수요가 발생했다는 점을 지적할 수 있다.

GCC 국가들은 여전히 석유 및 천연가스에 기반을 둔 경제구조로서 경제다각화가 제대로 이루어지지 않고 있는 형편이다. 원유 가격이 급등하면서 2005년의 GCC 국가들의 명목 GDP는 전년도에 비해 26.2%의 급증을 보이고 있고, 2003부터 2005년까지 3년 동안 GCC 국가들의 경제 규모는 74%나 증가하여 6,100억 달러가 되었다. 세

	사우디 아라비아	쿠웨이트	아랍 에미리트	오만	카타르	바레인
실질 GDP 성장률 (전년대비%)	6.6	5.9	8.2	6.6	4.8	11.1
무역수지 (10억 달러)	126.95	31.20	44.33	2.53	10.66	16.71
탄화수소 수출액 (10억 달러)	162.45	44.01	55.08	7.78	15.73	22.86
경상수지 (10억 달러)	90.66	32.63	26.47	1.58	4.72	11.38
대외채권잔고 (10억 달러)	33.70	17.79	41.50	103.57	6.20	19.00
외화 준비 (10억 달러, 금 제외)	26.53	8.86	21.01	1.99	4.36	4.60
중앙정부 재정수지 (대GDP비%)	18.4	37.3	26.4	7.8	12.0	8.9

계은행의 데이터에 따르면 이는 세계 7위로 벨기에와 네덜란드의 중간에 랭크된다. 그러나 이 같은 원유 가격의 급등은 오히려 경제구조의 석유 의존도를 높이는 결과를 초래하여, GCC 국가들 전체에서 석유 및 천연가스 이외의 비탄화수소 부문의 GDP 공헌도는 1998년의 78%에서 2005년에는 53%로 낮아졌다.

GCC 국가들은 고유가의 호황기가 종료되기 전에 풍부한 자금을 활용하여 석유에 의존하는 경제 체질에서 탈피하여 경제다양화를 꾀하려는 의도를 가지고 있다. GCC 국가들 중에서 경제다양화에 가장 성공한 나라는 아랍에미리트연방(UAE)이다. 그중에서도 특히 두바이는 무역 및 관광개발을 통해 경제다양화에 성공했으며, 이것이 건설, 부동산 서비스, 운송, 소매, 금융 서비스 등의 관련 부문에까지 파

급되고 있다. 그러나 아랍에미리트연방에서도 2005년도 명목 GDP
에서 비탄화수소 부문이 차지하는 비율은 38%에 지나지 않았다.

이처럼 경제다양화를 위한 인프라 구축 및 정비 등 거대 개발 프로
젝트가 지속적으로 진행되고 있는데, 중동 지역에서 진행되고 있는
개발 프로젝트에 소요되는 자금의 총액은 1조 2,000억 달러에 달한
다. 이러한 인프라 개발이 서둘러지는 이유는 물론 경제 다양화라는
목표에 따른 것도 있지만, 중동 지역이 세계에서도 인구 증가가 가장
활발한 지역이라는 점도 간과할 수 없는 이유다. 국제연합의 인구 통
계에 따르면 GCC 국가들의 인구는 2000년 2,858만 명에서 2025년
에는 5,418만 명으로 2배 가까이 증가할 것으로 예측되고 있다.
GCC 국가들은 증가하는 인구를 커버하기 위해 특히 수도권의 전력,
수도 등의 인프라 구축 및 급증하는 젊은 층의 일자리 창출이라는 문
제에 봉착해 있다.

따라서 GCC 국가들의 향후 개발 프로젝트에 대한 자금 수요는
1조 달러대 이상으로 상승할 것으로 추계되고 있다. 원유 수출로 인
한 수입이 국고 혹은 민간 부문을 통해 국내 인프라 프로젝트로 환원
되고 있지만, 자산 운용의 다양화 및 수익 증가를 목적으로 한 해외
투자자들의 자금도 GCC 국가들로 유입되고 있다. 이런 상황에서 이
슬람교 회귀 경향을 보이는 GCC 국가들은 프로젝트 파이낸싱에서
일반 금융보다는 이슬람 금융을 사용하려는 경향이 두드러진다.

2007년 3월, 사우디아라비아 라빅 지역의 석유화학 플랜트건설
사업을 위해 일본의 미쓰이스미토모 은행이 58억 달러의 융자금을

조성했는데, 그 중 6억 달러는 이슬람 금융을 통해 조달되었다. 이는 프로젝트 파이낸싱에서 이슬람 금융을 통해 조달한 금액 중 최대의 금액이다.

경쟁이 고조되는 금융시장

GCC 국가들은 경제다양화를 이루기 위해 성장이 기대되는 산업의 하나로서 금융 육성에도 심혈을 기울이고 있다. 1970년대 후반, 중동 지역의 금융센터였던 베이루트가 레바논 내전에 의해 기능이 약화되자, 바레인이 오프쇼어 금융제도(Offshore Banking, 역외금융) 및 외국자본에 의한 은행 설립 제도 등을 정비하여 중동의 새로운 금융센터의 역할을 맡게 되었다. 그러나 최근에는 아랍에미리트연방의 두바이가 물류뿐 아니라 금융에서도 허브 기능을 담당하고자 금융 부문을 신속하게 정비하고 있으며, 카타르와 사우디아라비아 또한 금융 부문을 강화하려는 움직임이 보이고 있다.

두바이 정부는 2004년 9월에 경제특구로서 '두바이 국제금융센터(Dubai International Financial Centre, DIFC)'를 개설했다. 이것은 국제금융시장인 홍콩 시장과 런던 시장의 중간에 위치하는 금융시장으로서, 남아시아, 중동, 북아프리카 지역을 연결하는 국제 금융시장의 허브 기능을 목적으로 하고 있다. DIFC의 장점은 100% 외자가 가능하고, 50년간의 법인소득세 면제 및 아랍에미리트연방이 폭넓게 체결하고 있는 이중과세 방지 협정의 혜택을 누릴 수 있으며, 자유로운 환율 거래와 이익배당금을 송금할 수 있다는 점 등이다. 업무 분야는 은행 업무(투자은행 업무, 기업 금융, 개인 금융), 증권 업무(주식, 채권, 금융파생상품, 상품거래), 자산 관리(투자자문), 보험 및 재보험 업무, 이슬람 금융, 후선 업무 등을 대상으로 하고 있다.

DIFC는 지금까지 340개가 넘는 금융기관을 유치하는 데 성공했다. 또 2005년 9월에는 DIFC 내에 중동에서 처음으로 외화 기준의 증권거래소인 두바이 국제금융 거래소(Dubai International Financial Exchange, DIFX)가 개설되었다. DIFX에는 총 100억 달러 이상의 이슬람 채권이 상장되어 있어, DIFC는 이슬람 금융에 관한 규칙을 정비하는 데도 힘쓰고 있다. 그리고 2007년 5월에는 뉴욕 상업거래소와의 합병으로 두바이 상업거래소(Dubai Mercantile Exchange)를 설립하여, 중동에서는 처음으로 오만산 원유의 선물 거래를 개시했다. 또 DIFC의 투자 부문인 DIFC 인베스트먼트는 해외 금융기관 등에도 전략적 투자를 개진하고 있는데, 도이치 은행에 2.2%를 출자하기도 했다. 이처럼 DIFC는 해외의 유력한 금융기관에 출자함으로써 국제금융시장으로 성장하겠다는 목표를 내세우고 있다.

또 향후 경제정책의 골격인 '두바이 전략 계획 2015'에서는 경제 건설의 중점을 첫째, 미국 등과의 FTA 체결을 통한 무역 촉진, 둘째, 철도 등의 운송 인프라의 정비, 셋째, 관광산업의 진흥, 넷째, DIFC를 주축으로 한 금융 산업의 육성이라는 네 분야에 두고, 그 중에서도 특히 금융 산업의 육성에 힘을 기울이고 있음을 표명했다.

한편 카타르도 2005년 5월에 카타르 금융센터(Qatar Financial Center, QFC)를 설립하여 특히 천연가스 등 에너지 부문의 금융 거래를 육성해 나갈 방침이다. 사우디아라비아에서도 2006년 5월, 수도 리야드 북부에 '킹 압둘라 금융지구(King Abdullah Financial District)'라 이름 붙인 신금융지구를 건설할 계획을 밝혔다. 이곳에는 자본시장청, 주식거래소, 금융기관, 회계 사무소, 컨설팅 회사 등을 유치하는 한편 금융 전문학교도 설치할 예정이다.

이러한 중동 각국의 금융 산업 육성 및 금융시장 창설의 이유는 2010년 GCC의 통화를 하나로 통합하려는 목적 때문이기도 하다. 유로와 같은 단일 통화를 도입할 계획인 것이다. 단일 통화로 통합하기 위해서는 통일중앙은행을 설립해야 하는데, 그 소재지는 아직 결정된 바가 없다.

만일 GCC의 통화가 하나로 통합되면 지역 내의 금융 거래는 훨씬 유동적이고 효율적인 거래가 가능한 금융시장으로 집중될 것으로 예상된다. 때문에 각국에서 금융시장을 육성하려는 움직임은 더욱 활발해지고 있다. 그중에서도 바레인과 두바이 두 나라는 이슬람 금융을 중동 지역의 허브 시장으로 발돋움시키고자 치열한 경쟁을 치르고 있다. 이 같은 경쟁은 이슬람 금융권의 서비스에 대한 인프라 정비를 촉진시켜 이슬람 금융의 확대로 이어지고 있다.

04

중동과 아시아 간의
경제 관계 긴밀화

세계 최대의 무슬림 인구를 자랑하는 지역이 아시아권이라는 사실은 앞서도 언급했다. 또 최근 경제 동향을 보면 중동과 아시아는 경제성장과 더불어 투자 가능한 자금이 지속적으로 증가하고 있으며 인프라 정비를 위한 자금 수요도 증가하는 등 공통점이 많다. 이 두 지역 간의 경제는 무역 및 투자 등의 면에서 최근 그 관계를 더욱 강화하고 있다.

2001년부터 2005년에 걸쳐 세계 무역이 연평균 10%의 확대를 보이는 가운데, 중동 국가들과 아시아 국가 간의 무역액은 이를 크게 웃도는 24%의 증가를 기록했다. GCC의 최대 무역 상대국이 EU에서 아시아 각국으로 전환된 1994년 이후, 아시아 국가들은 지속적으

[표 1-5] **GCC 국가들의 대(對) 아시아 무역 추이**

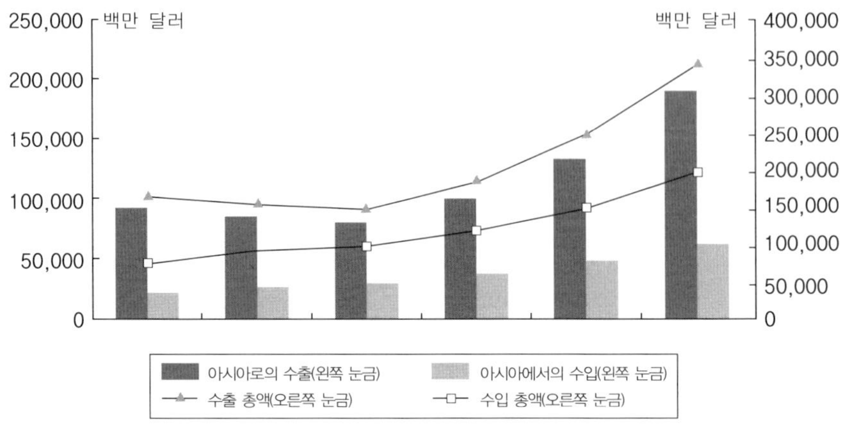

주 : 아시아는 남아시아를 포함.
자료 : IMF, 〈Direction of Trade Statistics Yearbook 2006〉.

로 GCC의 최대 무역 상대국이 되고 있는데, 2005년에는 무역 점유율이 무려 32%로까지 상승했다. 이는 중국과의 무역이 급격하게 확대된 영향도 크지만, 중국 외의 아시아 각국에서도 GCC와의 무역을 증가시킨 데 그 원인이 있다. 아시아 각국은 원유를 비롯한 에너지의 중동 의존도를 높이는 한편 소비재 및 투자재 등을 GCC로 수출하는 최대 무역국이 된 것이다.

다음으로 두 지역 간의 투자 동향을 살펴보면, 2005년 이후 아시아 각국의 투자 프로젝트에 1,600억 달러 이상의 자금이 중동 각국에 의해 투자되었다. 2006년만을 살펴보아도 기업 매수와 부동산 투자 분야에서 중동 각국으로부터 아시아 각국에 유입된 자금은 180억 달러 이상으로 추정된다. 또 이러한 중동 각국에서 아시아 각국으로의 투자는 2007년에는 200~300억 달러로 증가할 것으로 예상되고 있다. 그리고 아시아 및 중동 각국에서는 향후 경제성장을 위한 인프라 구축에 자금을 투자하고 있는데, 아시아 각국에서는 향후 5년간 1조 달러를 웃도는 자금의 수요가 예상되며, 중동 각국에서도 같은 기간에 5,000억 달러에 이르는 자금 수요가 예상된다. 이러한 인프라의 구축 및 정비에 관해서 아시아 각국은 오일머니의 증가로 풍부한 자금을 보유한 중동 각국의 투자에, 중동 각국은 아시아 각국의 기술과 노동력에 기대를 모으고 있다.

또 두 지역의 공통점으로는 저축률 상승, 개인 부유층이 증가 등을 지적할 수 있다. 최근 몇 년 동안 아시아 각국의 저축률은 GDP의 30~40% 정도로 집계되고 있으며, 중동 각국의 저축률 역시 상승 추세에 있어 향후 몇 년간은 연평균 30~35% 정도를 유지할 것으로 예상된다. 그리고 100만 달러 이상의 금융 자산을 보유한 부유층은 아시아 각국에는 현재 240만 명 정도로, 총액을 추정해 보면 약 7조 2,000억 달러의 금융 자산을 운용하고 있다(메릴린치, 캅제미니 〈세계 부자 보고서 2006〉). 아시아 각국의 부유층 규모는 연 7% 정도 증가하는 것으로 추정되는데, 이를 웃도는 곳은 중동 각국의 9%뿐이다. 중동 각국의 부유층은 30만 명 정도(추정 자산은 1조 3,000억 달러)로 추정된다.

이처럼 무역 및 투자 양면에서 자금의 이동이 증가하고 있는 두 지역은 자금의 투자 및 조달이라는 측면에서 무슬림 인구가 많다는 점과 더불어 이슬람 금융의 존재감을 나날이 높이고 있다. 아시아의 이슬람 금융센터의 역할을 맡고 있는 말레이시아에는 사우디아라비아, 쿠웨이트, 카타르의 은행들이 이슬람 은행을 개업하는 등 두 지역을 포괄하는 이슬람 금융이 활발한 움직임을 보이고 있다. 아시아의 금융센터인 싱가포르도 중동 각국으로부터 투자금을 유치하기 위해 이슬람 금융 서비스에 대한 제도적 정비를 적극적으로 서두르고 있다.

제 2 장

이슬람 금융의 계획

01

이슬람 금융의 역사와 기본 원리

이슬람 금융의 역사

이슬람교는 7세기 아라비아 반도 서부 히쟈스 지방에서 탄생했다. 창시자는 무함마드(마호메트)다. 이슬람교는 하나의 종교라기보다 무슬림의 생활 전반에 대한 규범이다. 서구 기독교 국가들이 근대화 과정에서 공적인 영역의 비종교화라는, 이른바 세속주의로 나아갔던 것에 비해 이슬람교는 본질적으로 공적인 영역과 사적인 영역을 구분하는 정교분리의 관념은 존재하지 않는다. 전지전능한 절대자인 신이 정한 규범이 사적인 영역에서만 영향을 미친다면 신의 절대성을 인정하지 않는 것과 마찬가지가 되기 때문에 이슬람 규범은 개인 생활은 물론 사회생활 및 경제활동 전반에 영향을 미친다.

따라서 이슬람 금융은 이슬람교의 규범에 따른 금융이며, 보다 구체적으로는 샤리아(Shariah)라고 불리는 이슬람법에 적합한 금융을 가리킨다.

이슬람권에서 최초로 설립된 상업은행은 1890년대 수에즈 운하 건설과 관련하여 건설된 바클레이즈(barclays) 은행 카이로 지점이다. 이 지점이 개설되자 이슬람 법학자로부터 샤리아에서 금지하는 이자(riba)를 수수한다는 이유로 수많은 비판이 쏟아졌다. 이것은 1900년대 초반에 다른 아랍 지역 및 아시아로 파급되어, 결국 이자 수수 금지는 절반 이상의 이슬람 법학자가 인정하는 규율이 되었다. 이로 인하여 1900년대 중반에 이르기까지 이슬람 법학자와 경제학자들은 이자 중심의 금융을 대체할 만한 새로운 금융 모델을 개시하기 시작했다.

이 영향을 받아 1936년 이집트에 설립된 미트 가므르(Mlit Ghamr) 저축은행이 최초의 이슬람 은행이라 할 수 있다. 이슬람 은행은 기본적으로 무이자 은행이기 때문에 무이자를 통해 어떻게 대출 자금을 마련할 것인가가 최대의 중심 과제로 부상했다. 이 은행보다 앞서 1950년대 말 파키스탄에서 농촌을 위한 무이자 은행이 설립된 사례가 있었으나 무이자를 바탕으로 한 예금이 지속적으로 획득되지 않는 바람에 붕괴했다고 한다. 이에 반해 미트 가므르 저축은행은 차입(借入) 희망자에게 소액의 정기예금을 의무화함으로써 이 문제를 극복하고 이슬람 은행으로서 성공할 수 있었다. 1972년에는 나세르 은행(Nasir Social Bank)으로 전환하여 더욱 발전하게 된다.

이후 70년대 후반부터 중동 지역에서 이슬람 은행들이 속속 설립되기 시작했다. 이는 1973년 제4차 중동전쟁이 발발하면서 제1차 오일쇼크가 발생하자 거액의 석유 수입을 획득하게 된 페르시아 만 산유국들이 금융에서 활발한 움직임을 보였기 때문이다. 최근 몇 년간의 이슬람 금융의 확대 역시 급증하는 오일머니가 주요인이라고 본다면 이슬람 금융의 전환기는 원유 가격이 상승하는 시기와 일치한다는 것을 알 수 있다.

1960년 비이슬람교국인 룩셈부르크에 이슬람 금융기관이 설립된 것을 기점으로, 80년대에는 중동 지역뿐 아니라 아시아 및 아프리카 지역에도 이슬람 은행이 설립되면서 지역적인 확대를 보이기 시작한다.

이슬람 은행은 70년대에는 소비금융 업무를 중심으로 하는 소규모 상업은행에 지나지 않았으나, 80년대에 들어서면서부터는 말레이시아, 바레인 등지에서 자동차 및 주택 등 자산 취득을 위한 금융으로서 활용되기 시작했다. 1990년대 후반부터는 채권, 투자신탁, 프로젝트 파이낸싱 등의 생산금융 거래가 개시되었고, 특히 2000년 이후 이슬람 채권 시장이 정비되면서 이슬람 금융은 눈에 띄게 급속히 확대되기 시작했다.

[표 2-1] **이슬람 금융의 발전 과정**

	1970년대	1980년대	1990년대	2000년 이후
상품	예금, 대출	. 예금, 대출, 프로젝트 파이낸싱, 신디케이트론, 타카풀(Takaful, 이슬람 보험 상품)	예금, 대출, 프로젝트 파이낸싱, 신디케이트론, 타카풀, 리스, 주식 거래	예금, 대출, 프로젝트 파이낸싱, 신디케이트론, 타카풀, 리스, 주식 거래, 스쿠크, 각종 투자 펀드
지역	중동, 아프리카	중동, 아프리카, 동남아시아	중동, 아프리카, 동남아시아, 유럽	중동, 아프리카, 동남아시아, 유럽
이슬람 은행 설립 사례	The Islamic Development Bank (1975, Saudi Arabia) The Dubai Islamic Bank (1975) The Faisal Islamic Bank (1976, Egypt) The Faisal Islamic Bank of the Sudan (1977) The Jordan Islamic Bank (1978) The Jordan Financial and Investment Bank (1978) The Islamic Investment Company Ltd(1978, UAE) Kuwait Finance House(1979)	The Abu Dhabi Islamic Bank(1980) The Qatar Islamic Bank(1981) Islamic counters in Pakistan banks (1981) The Malaysia Islamic Bank Ltd (1983) The Mauritania Islamic Bank(1985) The Tanzibar Islamic Bank (1985) The Iraq Islamic Bank(1985) The Turkey Islamic Bank(1986)		

출처 : 각종 자료를 이용하여 저자가 작성함.
　　　단, 은행 설립 사례는 Angelo M. Venardos, Islamic Banking and Finance in Southeast Asia, 2006에서 발췌함.

이슬람 금융의 기본 원리

앞에서 말했듯 이슬람 금융은 샤리아에 적합한 금융을 말한다. 그리고 이 샤리아는 무슬림들의 생활을 기본적으로 규정하는 법규, 규범, 관행 체계를 가리킨다. 샤리아는 이슬람교의 성전 코란(Quran)과 예언자 무함마드의 관행인 수나(Sunnah)를 2대 법원(法源)으로 하고 있으며, 수나는 무함마드의 언행을 기록한 〈하디스(Hadith)〉를 통해 알 수 있다. 샤리아는 쿠란과 수나라고 하는 2대 법원과 더불어 특정 사항에 관한 이슬람 법학자(울라마)들의 합의, 즉 이즈마(Ijma)와 새로운 사항에 관한 쿠란과 수나를 통한 유추 해석, 즉 키아스(Qiyas)로 구성되어 있다.

또 샤리아는 주로 종교생활에 관한 규범인 이바다트(Ibadat)와 사회생활에 관한 규범인 무아마라트(Muamalat)로 나뉜다. 이슬람 금융에 적용되는 샤리아는 무아마라트에 제시되어 있는 경제활동 규범 중에서 특히 금융활동에 관한 부분이다.

이슬람 금융에서는 샤리아에 의해 다음의 네 가지가 금지된다.

■ 이자(riba)의 금지

이자 수수는 코란에 의해 분명하고 절대적으로 금지되어 있으며, 이는 이슬람 금융의 최대 특징으로 여겨진다. 여기에서 이자라고 하는 것은 부등가 교환을 통해 얻는 부당이득을 의미하며, 따라서 대차거래뿐만 아니라 매매거래에도 적용된다. 매매거래에서는 동종동량이 아닌 대상을 동시에 교환하거나, 동종동량의 대상을 다른 시점에서 교환함으로써 부당이득이 생긴다고 간주한다. 또 대차거래에서는 자금을 빌려주면서 상환시의 증가분을 사전에 정하는 것은 부당이득에 해당한다고 하여 금지된다.

이슬람교 교리에서는 자금이란 저장하지 않고 생산 및 노동에 제공해야 하는 것임을 명시하고 있다. 금전은 상품이 아니라 가치보존 수단이며, 상업활동에 이용될 때에 비로소 가치를 생성하는 것이라고 여겨진다. 단순히 시간의 경과만을 통해 금전이 증가하는 것은 부당이득이라고 여겼기 때문에 이로부터 이자 수수의 금지라는 개념이 생겨났다. 무함마드가 살던 7세기의 메카는 상업과 금융의 중심지였지만, 주변은 사막으로 둘러싸여 있어 자산을 활용하지 않고 저장하기 쉬운 환경에 있었다. 그래서 언제나 자금의 유동성이 제대로 이루어지지 않아 골치를 앓았다. 이슬람의 사고방식은 이러한 환경에서 비롯된 것이라고도 볼 수 있다.

이슬람 금융의 다른 특징인 희사(zakat) 역시 유사한 배경에서 생겨났다. 희사란 무슬림이 행해야 하는 의무인 6신5행(6信5行) 중의 하나다. 6신이란 신, 천사, 계시록, 예언자, 내세, 천명으로서 무슬림이 반드시 믿어야 하는 것이다. 5행이란 신앙, 예배, 단식, 순례이며, 무슬림이 신으로부터 부여받은 의무다.

나중에도 언급하겠지만 이슬람 금융에서는 이자 대신에 이익 배분이라는 개념이 사용된다. 이는 물적 재산은 모두 신에게 귀속하는 것이며, 인간은 그것을 대신 맡고 있을 뿐이라는 사고방식에서 비롯된다. 신탁을 받은 재산을 유효하게 이용한 결과로서 인간은 이익 배분을 받을 수 있다는 것이다.

■ 불확실성의 금지

이슬람의 계약은 원칙적으로 현시점에 존재하는 재산의 교환만을 인정하고 있으며, 미래의 재산이나 서비스를 대상으로 하는 것을 인정하지 않는다. 미래의 것에는 불확실성이 존재하므로 투기적인 요소를 지니고 있는 것으로써 금지된다.

■ 도박, 투기 금지

도박, 투기는 쿠란에 의해 명시적으로 금지되어 있으며 그 대상은 폭넓게 해석된다.

■ 금기가 되는 물품이나 서비스에 관한 거래 금지

금기시되는 물품이나 서비스에는 알코올, 담배, 돼지고기, 무기, 포르노 등이 있으며, 이것들의 제조와 제공에 관여하는 기업 등과의 거래도 역시 금지된다.

이상이 이슬람 금융의 주된 기본 원리로서, 구체적인 금융 거래가 샤리아에 적합한지 어떤지는 개별적으로 판단해야 한다.

샤리아 적격 판단의 구조

이슬람 금융 서비스를 제공할 때는 해당 서비스가 샤리아에 적격한 것인지를 확인해야 하는데, 이 확인 절차는 일차적으로는 샤리아 위원회(Shariah Committee)라 불리는 조직에 의해 이루어진다. 샤리아 위원회는 이슬람 법학자들로 조직되며, 이슬람 금융 상품을 조성하거나 판매하는 기관, 즉 이슬람 금융기관에는 샤리아 위원회의 설치가 의무화되어 있다. 국제적 기관인 이슬람 금융기관 회계 감독 기구(Accounting and Auditing Organization for Islamic Financial Institutions, AAOIFI)에서는 샤리아 위원회의 구성 인원을 최소 3명으로 규정하고 있지만, 국가에 따라 기준이 달라 대개 3∼6명으로 구성되는 경우가 많다. 샤리아 위원회가 여러 명의 이슬람 법학자로 구성되는 이유는 소속된 학파와 경험에 따라 판단이 다르기 때문인데, 그럴 경우에는 다수결을 통해 결정된다. 샤리아 위원회의 위원 자격에 대해서도 국가마다 다르다. 가령, 말레이시아에서는 반드시 개인이어야 한다는 규정이 있으며, 각 국가에 따라 개별적으로 규정되어있다. 샤리아 위원회의 의무는 샤리아의 관점에서 이슬람 금융기관의 활동 방향성을 제시하고, 검정, 감독하는 것이다.

이슬람 금융기관의 샤리아 위원회와 함께 국가 수준에서 유사한 위원회(중앙은행의 샤리아 위원회)를 설치하고 있는 나라도 많지만, 그 구성과 권한 등은 각기 다르다.

샤리아의 해석과 관련해 분쟁이 발생했을 경우 말레이시아에서는

[표 2-2] **주요 국가의 샤리아 위원회 개요**

국명	샤리아 위원회		최종 판단	제한 사항
	중앙은행	각 금융기관		
말레이시아	NSAC(말레이시아 중앙은행 National Shariah Advisory Council)	SC(Shariah Committee)	NSAC	① NSAC의 멤버는 금융기관의 SC의 멤버가 될 수 없다. ② SA(샤리아 어드바이저)는 같은 종류의 범주(은행, 보험)에서 하나의 SC에만 참가할 수 있다.
파키스탄	SB(파키스탄 중앙은행 Shariah Board)	SA(Shariah Advisor)	SB	① SB의 멤버는 금융기관의 SA가 될 수 있다. ② SA는 범주와 상관없이 하나의 금융기관의 SA에만 취임할 수 있다.
쿠웨이트	N/A	SSB(Shariah Supervisory Board)	SSB	① 특별한 제한 없음 ② 분쟁이 발생했을 경우에는 이슬람성(Ministry of Awqaf and Islamic Affairs)의 Fatwa Board이 판단에 이존한다.
아랍에미리트	HSA(Higher Shariah Authority)	SSA(Shariah Supervision Authority)	HSA	특별한 제한 없음
바레인	NSB(바레인 중앙은행 National Shariah Board)	SSC(Shariah Supervisory Committee)	NSB	특별한 제한 없음
카타르	N/A	SSB(Shariah Supervisory Board)		특별한 제한 없음

출처 : Dr. Azunan Bin Hasan 〈Optimal Shariah Governance In Islamic Finance〉 Giff (Mar. 2007) 자료.

우선 금융조정 위원회(Financial Mediation Board)가 분쟁을 처리한다. 그래도 해결되지 않을 경우에는 국립 샤리아 위원회(National

Shariah Advisory Council, NSAC)에게 판단을 위임한다. 한편 바레인에서는 일반적으로 중앙은행의 국립 샤리아 협의회(National Shariah Board, NSB)에 자문을 구한다.

또 이슬람 금융에 관한 법적 분쟁이 발생했을 경우에는 샤리아와 상법 및 민법의 일반법 어느 쪽이 더 우선시되는지는 명확하지 않다. 중동 국가들에서 실제로 일어난 재판 사례 중 샤리아를 우선시한 경우도 있어 이슬람 금융을 취급할 때의 문제점으로 지적되고 있다.

샤리아 적격 판단의 차이

이슬람 금융의 근간이 되는 샤리아 적격 판단에 대해서는 국제적인 기준이 존재하지 않고, 각국 혹은 샤리아 적격 판단을 결정하는 이슬람 법학자에 의해 같은 상황이 서로 다르게 판단되는 사태도 발생한다. 이 때문에 가령 말레이시아에서 샤리아 적격으로 판정된 이슬람 금융 서비스가 사우디아라비아에서는 부적격으로 판정되어 이슬람 금융이 되지 못하는 경우도 있다. 이는 이슬람 금융의 국제 시장 분단으로도 연장되기 때문에 향후 이슬람 금융의 확대에 있어 문제점, 혹은 과제 중 하나가 될 수 있다.

일반적으로 샤리아 적격 판단은 중동 국가들에서는 엄격하게 해석되는 데 비해 아시아 국가들에서는 유연하게 해석되는 경향이 있다고 평가된다. 그 이유는 같은 이슬람교라 하더라도 다양한 종파가 존재하기 때문이다.

이슬람교는 수니파와 시아파로 크게 나뉘는데, 무함마드 타계 이후 이슬람 공동체의 지도자를 둘러싸고 일어난 분쟁으로 분리되었다. 주류는 수니파이고, 시아파는 현재 무슬림 인구 전체의 약 10%를 차지하고 있을 뿐이다. 또 수니파와 시아파는 각각 몇 개의 종파, 법학파로 나뉜다. 수니파에는 크게 4개의 법학파가 있는데, 하나피파는 이집트, 시리아, 남아시아, 샤피파는 동남아시아, 한발리파는 사우디아라비아, 말리키파는 북·서아프리카에서 주류를 이루고 있다. 한편 시아파에서는 12이맘파가 이란, 레바논, 이라크 남부, 이스마일파가 파키스탄, 인도, 사이니야파가 예멘, 이바드파가 오스만, 북아프리카에 각각 분포하고 있다.

02

이슬람 금융의 방식

이슬람 금융의 기본적인 방식

이슬람 금융에서는 이자 개념을 탈피하기 위해 실물 자산을 개재한 거래(매매, 리스), 수익을 배분하는 거래(신탁, 출자) 등의 형태가 이용되는데, 가장 기본적인 방식으로는 다음 네 가지를 들 수 있다.

① 무라바하(Murabahah)

무라바하는 은행이 고객을 대신하여 상품을 구입한 다음, 은행의 이윤을 추가(Markup, 가격할증)한 금액으로 다시 고객에게 매각하는

① 무라바하(Murabahah)

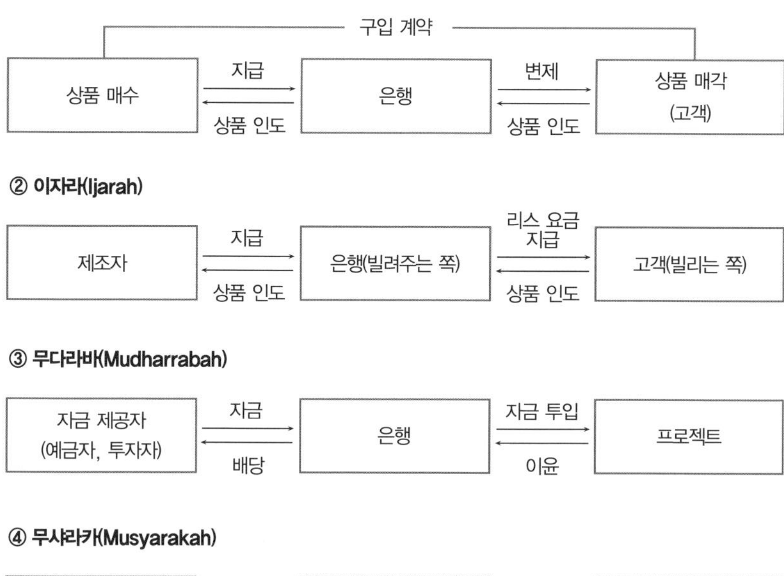

방법이다. 무라바하는 이슬람 금융에서 출자운용 수단의 70% 정도를 차지하는 가장 일반적인 방법이다. 일정 기간(대출 기간)이 지난 후에 고객의 지급이 이루어지는 경우 상품 소유권은 고객에게로 이동하지만, 이슬람 은행은 지급을 보장받기 위해 일반적으로 해당 상품(혹은 다른 상품)에 담보권을 설정한다.

추가된 이윤은 연장 기간과 뚜렷하게 관련되지 않고, 거래 금액을 바탕으로 산출되기 때문에 이자에 해당하지는 않는다고 해석된다. 그리고 고객의 지급을 연체 지불하는 방식을 취함으로써 할부로 판매할 가능성도 있으며, 이 방식은 BBA(Bai' Bithaman Ajil)라 불린다.

개인으로는 자동차 구입, 법인으로는 설비기계, 원재료 구입 등에서 무라바하는 폭넓게 이용되고 있으며 기간은 1~5년이 많다.

② 이자라(Ijarah)

이자라는 은행이 고객을 대신하여 상품을 구입한 다음 고객에게 임대하여 사용료를 받는 방식이다. 샤리아에서는 물건의 소유란 소유권과 용익권으로 성립된다고 한다. 즉, 이자라 계약은 용익권을 은행으로부터 고객에게 이전하는 것이다. 샤리아에서는 유형 자산을 고정된 요금으로 임대하는 것은 인정하고 있기 때문에 사전에 사용료를 정할 수 있다.

임대 기간이 끝난 다음에 소유권을 고객에게 이전할 것을 전제로 한 거래는 이자라 와 이쿠티나(Ijarah wa iqtina)라 불리며 주택 대출 등에 이용된다.

이자라는 토지 및 건물, 기계설비, 항공기, 선박 등의 자금 조달에 이용되며, 일반적인 융자 기간은 최고 12년까지로 되어 있다. 무라바하가 단기간의 자금 조달에 이용되는 데 반해 이자라는 보다 장기간의 자금 조달에 이용된다.

③ 무다라바(Mudharrabah)

무다라바는 고객이 은행에 예탁한 예금을 은행이 사업자에게 예탁하고 사업운영을 위탁하여 해당 사업을 통해 발생한 이익을 사전에 정한 비율로 배분하는 방식이다. 신탁금융, 파트너십 계약으로 인정된다. 특정 사업을 명시하고서 자금을 예탁하는 경우와 특정 사업에 한정하지 않고 사업 내용은 사업가에게 일임하는 경우가 있다.

무다라바에서는 사전에 당사자 간에 수익 배분 비율을 합의해야 하는데, 수익에 대해서는 사전에 고정할 수 없다. 단, 예측 수익에 대한 합의는 가능하다. 무다라바에서는 사업을 통해 손실이 발생한 경우 사업자의 과실 혹은 태만으로 기인한 경우를 제외하고 자금 제공자(은행)가 손실을 부담하게 된다. 사업자는 자기 노동에 대한 보수 범위에서만 손실을 부담한다. 제공된 자금 이상으로 손실이 발생했을 경우에는 당사자 간의 합의에 따라 해결한다. 또 자금 제공자는 사업의 경영 관리에는 일절 간섭하지 않는다. 무라라바는 이슬람 예금의 기본적인 방식으로서 이용된다.

④ 무샤라카(Musyarakah)

무샤라카는 은행과 고객의 공동 출자에 의해 사업을 공동으로 경영하여, 사업을 통해 발생한 이익을 계약시에 미리 정한 비율에 맞게 배분하는 방식이다. 손실이 발생한 경우에도 출자 비율에 따라 배분하고, 공동 출자자로서 은행이 사업 경영에 관여하는 것은 무다라바와 다른 점이다. 무다라바가 단기간의 사업에 이용되는 것에 비해 무샤라카는 장기간의 사업에 이용되는 일이 많다.

무샤라카에는 출자액에 따른 비례 배분 방식의 수익 배분과 더불

이슬람 금융

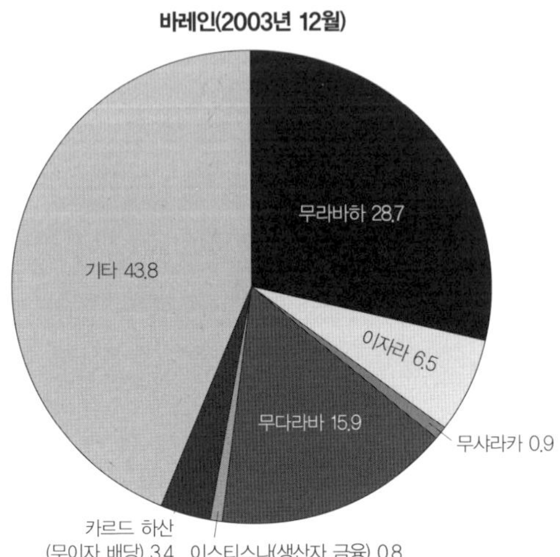

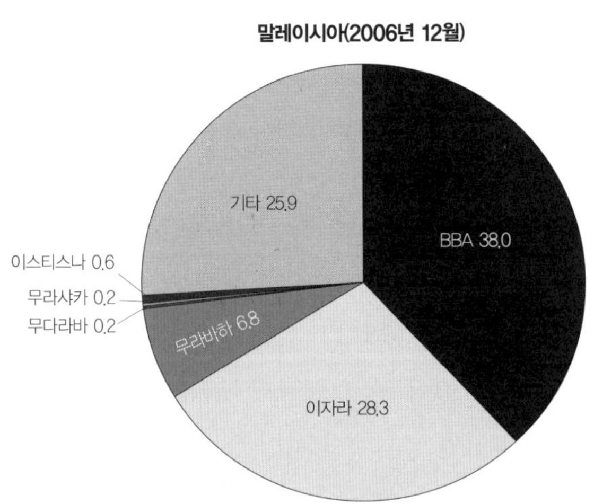

출처 : 바레인 중앙은행, Rating Agency Malaysia Berhad.

어 단계적으로 은행 출자금을 상환하여, 일정 기간이 경과한 후에는 은행 출자금이 제로가 되었을 때 해당 사업의 파트너로서 탈퇴하는 저감형 방식도 존재한다.

무샤라카도 무다라바와 마찬가지로 계약시 수익 배분의 비율을 정해야 한다. 따라서 정액 배분 및 출자금액 몇 %와 같은 배분 방법은 인정되지 않는다. 단, 예측 수익에 대해 합의할 수는 있다.

실제로 은행 융자에서 어떤 방식이 사용되는지를 살펴보면, 중동의 바레인에서는 이슬람 자산에서 차지하는 점유율은 무라바하가 28.7%, 무다라바가 15.9%, 이자라가 6.5%다(2003년 12월). 한편 말레이시아에서는 이슬람 대출에서 자지하는 섬유율은 BBA가 38.0%, 이자라가 28.3%, 무라바하가 6.8%이다(2006년 12월). BBA가 무라바하의 일종이라는 것을 감안하면 무라바하가 가장 많이 이용되고 있음을 알 수 있다.

무다라바와 무샤라카 방식에서 수익은 원칙적으로 투자 사업의 결과에 의해 증감하는 것이므로 사전에 수익에 대한 전망을 세우기는 어렵다. 사업의 실패에 따라서 손실을 가져올 수도 있다. 일반 은행이라면 그 리스크를 금리로 추가할 수 있으나, 이슬람 금융의 경우는 그것이 불가능하다. 따라서 은행 입장에서는 우량한 안건에만 대응하게 되기 때문에 융자 안건은 한정적이 된다. 또한 이러한 위험에 대응하기 위해 많은 이슬람 은행은 이익의 일부를 '투자 리스크 저당금'으로 계산하여 리스크에 대비하고 있다.

[표 2-5] 말레이시아의 은행 상품에 대한 이슬람 금융 방식의 전개

	금융 상품	이슬람 금융 방식
예금	당좌예금	와디아, 무다라바
	저축예금	와디아, 무다라바
	일반 투자 예금	무다라바
	특별 투자 예금	무다라바
대출(론)	에셋 파이낸싱	무라바하, 무다라바, 무샤라카, 이자라
	브릿지 론	이스티스나, BBA
	컴퓨터 파이낸싱	BBA
	교육 대출	무라바하, BBA, 바이알이나
	설비 파이낸싱	BBA
	주택 대출	BBA, 이스티스나
	리스	이자라
	개인 대출	BBA, 무라바하, 바이알이나
	플랜트 · 기계 파이낸싱	BBA, 이스티스나, 이자라
	프로젝트 파이낸싱	BBA, 이스티스나, 이자라, 무샤라카, 무다라바, 무라바하
	리볼빙 론	BBA, 무라바하, 바이알이나
	신디케이트 론	이스티스나, BBA, 무라바하
대출(론)	여행 대출	BBA
	자동차 대출	이자라, BBA, 무라바하
	운전 자금 대출	무라바하, BBA, 무샤라카, 무다라바
무역 금융	인수 어음	무다라바, 바이다인
	은행보증	카파라
	수출 신용 리파이낸싱	무라바하, 바이다인
	신용장	와카라, 무라바하, 이자라, BBA
카드	신용카드	바이알이나, BBA

일반 은행 업무에 대한 이슬람 금융 방식의 전개

실제 은행 업무에 대한 이슬람 금융 방식의 응용은 기본적인 방식을 이용하는 한편 그것을 결합한 형태로 이루어지고 있다. 앞서 언급했듯이 샤리아 적격 판단에 관해서는 국가에 따른 상이점도 존재하기 때문에 은행 업무에서 실제로 이용되는 방식도 모든 나라에서 동일한 것은 아니다. 말레이시아의 사례를 통해 실제 은행 업무에 어떠한 방식이 이용되고 있는지를 살펴보자.

① 예금

이슬람 은행 예금에는 일반적으로 당좌예금, 저축예금, 투자 예금, 특별 투자 예금이 있다. 말레이시아에서는 모든 예금에 무다라바가 이용되며, 당좌예금 및 저축예금에는 무다라바와 함께 와디아(Wadiah)가 이용되고 있다. 와디아는 보관계약(Safe Keeping Contract)을 의미하며, 예금 운용에 따른 수익은 모두 은행이 취한다. 그 대신 예금자는 언제든지 예금을 인출할 수 있다. 한편 투자 예금 및 특별 투자 예금은 예금주에게 수익을 배분받을 권리가 부여된다. 투자 예금에서는 예금주가 투자 안건을 지정하지 않고 은행에 위탁하는 데 비해 특별 투자 예금에서는 예금주가 은행에 자금의 용도를 지정할 수 있다.

무다라바 형태의 이슬람 예금은 금리에 상당하는 수익이 미리 정해지지 않아 무다라바에 의한 사업 운영 위탁수익에서 은행의 수수료

(수익 가운데 미리 정해진 비율)를 공제한 금액이 예금주에게 분배된다. 반대로 손실이 발생한 경우에는 은행의 과실에 의한 부분을 제외하고 예금주도 예금액 비율에서 손실을 부담하기 때문에 원금 보증은 없다. 또 은행이 청산될 경우 예금주가 주주와 같은 순위에 놓이는 것도 이슬람 예금의 특징이다.

이슬람 예금은 금리에 상당하는 수익이 정해지지는 않았지만 실제로는 어느 정도 정해진 수익이 분배된다. 이것은 이슬람 은행이 투자에 의해 얻은 수익의 일부를 '이익평형화 담보금'으로 적립하여, 예금주가 기대한 이익을 투자 사업에서 얻을 수 없을 경우 이 담보금에서 이익 액수를 확보하고 수익을 평준화시키려는 작업이 이루어지기 때문이다.

일반 은행의 예금 이자는 공정금리나 국채이율과 같은 지표금리(벤치마크)가 존재한다. 이와 달리 이슬람 예금의 수익에는 기준이 될 만한 것이 없다. 그래서 극단적으로 은행은 예금 획득을 위해 경영 상태를 고려하지 않고 높은 수익률을 설정할 수도 있다. 또 은행이 예금으로 인한 투자 수익을 공정하게 예금주에게 배분하는지 어떤지에 대한 투명성도 확보되어 있지 않다. 이 때문에 말레이시아에서는 말레이시아 중앙은행(Bank Negara Malaysia, BNM)이 2003년부터 예금 수익 산출에 대한 기본 골격을 정하고 있다. 이것은 정해진 순서와 계산 방식으로 예금주에게 배분할 금액을 산출하는 것이다. 이와 동시에 각 은행은 매월 예금수익율을 발표할 것을 의무화하고 있다.

또한 이슬람 은행도 일반 은행과 경쟁해야 하기 때문에 예금보험이 존재한다. 예금보험은 샤리아에 바탕을 둔 카팔라, 혹은 다만이라 불리는 보장계약으로 제공되고 있다.

② 대출

이슬람 은행에서도 다양한 대출이 제공되고 있는데 BBA, 무다라바, 무샤라카 등의 방식이 이용되고 있다. 실제로 대출할 때는 이들을 혼합한 방식도 이용된다. 예를 들어 프로젝트 파이낸싱에서는 무다라바와 무샤라카를 혼합한 방식이 이용되기도 한다. 무다라바에서 사업가는 자금을 제공할 수 없기 때문에 무샤라카를 결합시킴으로써 사업가도 자금을 제공할 수 있게 하는 것이다.

■ 주택 대출(이스티스나)

주택 대출에서는 이자라 와 이쿠티나 등의 방식이 이용된다는 것은 앞서 언급했다. 이자라 와 이쿠티나에서는 고객이 임대료를 지불하면서 동시에 은행계좌를 개설하여 적립하는데 이 적립금이 '구입 대금＋은행 수수료' 가 되는 시점에서 주택 대출금이 완납되어 고객은 물건의 소유권 및 용익권을 취득하게 된다. 이 방식을 취하는 경우 적금 계좌는 투자 예금으로서 고객이 투자배당을 받을 수 있다는 이점이 있다. 한편 같은 주택 대출에도 이자라와 함께 저감형 무샤라카를 결합하여 해당 물건에 관한 은행 출자분을 변제 기간에 맞게 분할하여 고객은 임대료를 지불하면서 동시에 은행 출자분을 매수하여 원금을 감원해 가는 방식도 존재한다. 이와 같이 이슬람 금융에서는 고객의 요구에

[표 2-6] **이스티스나의 방식**

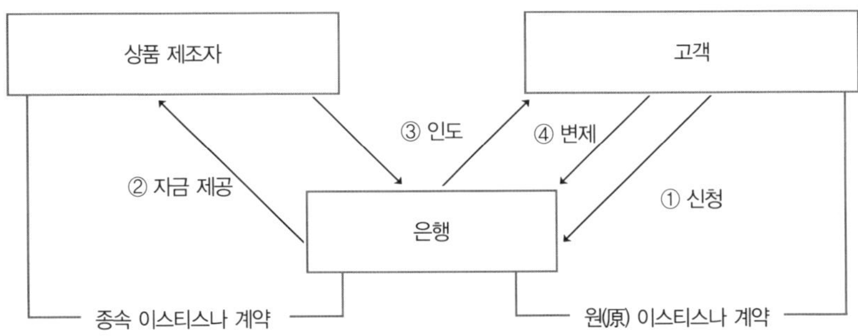

따라 몇 가지 방식을 결합한 형태로 금융 서비스를 제공하고 있다.

주택을 새로 지을 경우 주택 대출을 받는 시점에서는 대상 물건이 존재하지 않는다. 이 같은 경우에 이스티스나(Istisna)라고 하는 방식을 이용한다. 이스티스나는 '만들게 한다'라는 의미로, 고객과 은행이 제조하는 상품(주택)의 명세에 관해 합의한 다음 그것을 제조자에게 제조시키는 것이다. 이스티스나는 인프라 건설의 파이낸싱 방식으로서도 이용된다. 또 이스티스나도 상품이 개입된 금융이기 때문에 무라바하의 일종이라 할 수 있다.

이스티스나와 같이 매매계약에서 상품 납입이 일정 기간 후에 이루어지는 것으로는 살람(Salam)이 있으며, 살람 계약은 미래의 특정일에 특정 양의 상품을 인도하는 것을 전제로 이슬람 은행이 전액을 선불하는 방식으로서, 농가에서 작물을 수확할 때까지 자금을 차입할 경우에 이용된다. 가격은 상품을 직접 인도할 때보다 낮게 책정되는데 이슬람 은행은 그때 발생하는 가격차를 수익으로 취한다.

■ 바이 알 이나(Baï al-Inah)

　바이 알 이나는 동시매매계약을 말한다. 즉, 은행은 고객에게 상품을 매각하면서 동시에 다시 사들이는 거래다. 은행은 다시 사들일 때의 대금은 곧바로 지불하지만 매각 대금을 받는 시기는 일정 기간 후로 정하여 매각 가격과 구입 가격에 차이를 만듦으로써 금리에 해당하는 금액을 취한다.

　바이 알 이나는 말레이시아에서 일부 대출이나 신용카드 거래에 이용되고 있다. 신용카드의 경우 고객은 은행에서 후불로 자산을 매입한다. 후불 가격은 은행의 신용공여액에 은행 수수료를 추가한 가격이나. 너불어 고객은 해당 자산을 은행에 되필고(되파는 금액은 은행의 신용공여액), 현물을 기초로 고객의 특별 계좌에 입금된다. 은행은 이 잔액을 담보로 하여 신용카드를 발행하고 고객은 그 금액 내에서 신용카드를 이용하게 된다.

　바이 알 이나는 개개의 매매계약 자체에는 문제점이 없지만, 전체적인 방식은 금리를 회피하기 위한 표면적인 거래로 간주되기 때문에 중동 국가들은 샤리아 부적격이라고 평가한다. 이 때문에 중동 국가들의 신용카드에서 바이 알 이나 방식은 이용되지 않는다. 중동 국가들의 신용카드는 고객으로부터 수수료를 받는 형태로 카드를 발행하고 운영한다. 그리고 이슬람의 신용카드는 계약상 샤리아에 부적격한 물품을 구입하는 데 사용할 수 없다.

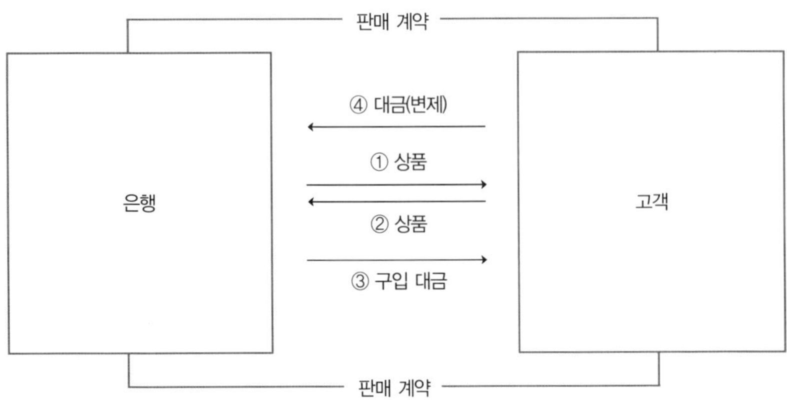

바이 알 이나에서 파생한 거래로 바이 알 다인(Bai' al-dayn)이 있다. 이것은 채무의 매각을 의미한다. 예를 들어 수입 금융의 경우, 이슬람 은행이 수입 금융을 필요로 하는 고객을 상품의 매입 기관으로 삼는다. 고객은 은행을 위해 판매자로부터 상품을 구입하고, 은행은 대금을 판매자에게 지급하면서 동시에 상품에 일정한 마진을 추가한 가격으로 고객에게 매각한다. 은행에 대한 고객의 지급은 일정 기간 후가 되며, 이 고객 채무가 어음으로 발행되어 은행이 이것을 제삼자에게 매각하면 바이 알 다인이 된다. 이것도 바이 알 이나와 마찬가지로 말레이시아에서는 샤리아에 적격한 것으로 인정되지만 중동 국가들에서는 샤리아에 부적격한 것으로 평가된다.

▪ 카르드 하산(Qard al-hasan)

이슬람 은행에서 무이자 대출로 이용되는 것이 카르드 하산이다. 카르드는 소비대차를 의미한다. 빌린 사람(차주)은 은행에서 빌린 금액을 기간 내에 은행에 변제하는데 카르드 하산으로 하기 위해서는 동종·동등의 것을 빌려준 사람(대주)에게 반환해야 하며, 대주에 해당하는 은행의 수익은 발생하지 않는다. 단, 은행이 일정 수수료를 징수하는 것이 일반적이며, 이 수수료는 금액과 기간에 변함없이 일정하다. 샤리아 해석이 엄격한 사우디아라비아에서도 순수한 무이자 대출을 실시하는 은행은 없다. 어떤 식으로든 수수료를 부과하고 있으며, 수수료는 빌리는 사람과 교섭하여 결정한다. 정해진 비율이 없기 때문에 샤리아에서 금하는 이자에는 해당하지 않는다고 판단된다. 카르드 하산은 당좌대월 등에 이용된다.

③ 은행간 자금 거래

일반 은행과 마찬가지로 이슬람 은행에서도 단기자금의 조달 및 운용을 실시하는 은행간 자금 시장이 존재한다. 이슬람 은행의 단기자금 거래 수단으로서 일반적으로 이용되는 것이 상품 무라바하 거래다. 이슬람 은행이 단기자금 운용을 실시할 경우의 일반적인 방식은 다음과 같다.

[표 2-8] **상품 무라바하의 방식**

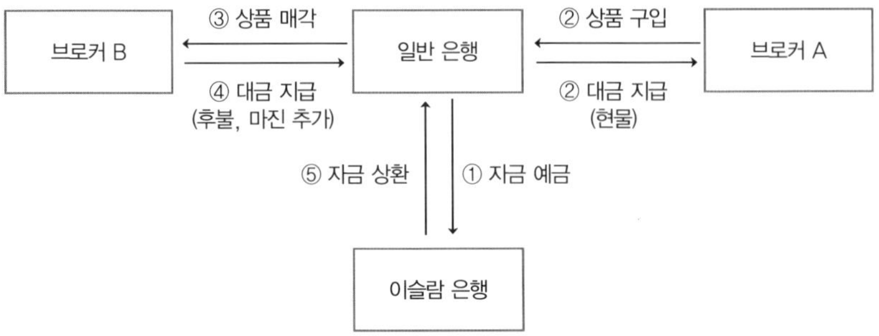

이슬람 은행은 운용 자금을 일반 은행에 예금한다. 일반 은행은 이슬람 은행의 에이전트로서 브로커 A로부터 상품을 구입하고 현물을 기초로 대금을 지불한다. 일반 은행은 브로커 B에게 상품 가격과 매각 자금을 회수하여 이것을 이슬람 은행에 상환한다.

이 방식은 샤리아에 적합한 상품에 제한되고 자금 운용의 타이밍이 적절하지 않기 때문에 이용 수단으로서는 한정적이다. 기동적인 운용을 가능하게 하기 위해서는 대상 상품을 지정하거나 언제라도 거래 가능한 상대가 필요하다. 말레이시아에서는 일반 은행과의 상품 무라바하 거래는 일반 은행 시장과 이슬람 은행 시장을 엄격하게 구별해야 하는 이유 때문에 인정되지 않는다.

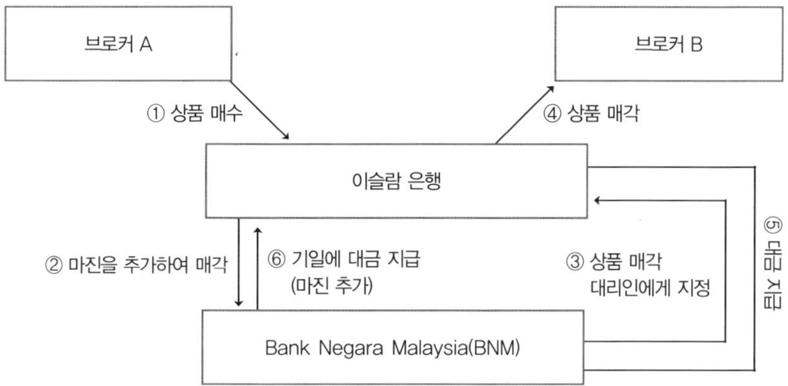

출처 : Bank Negara Malaysia.

이 때문에 말레이시아에서는 2007년 3월에 말레이시아 중앙은행 (BNM)이 주도하여 상품 무라바하 프로그램(Commodity Murabahah Programme, CMP)이 도입되었다. 이 프로그램에서 이슬람 은행은 BNM에 단기예금을 예금하는 것과 동일한 효과를 누릴 수 있다. 투자 대상 상품으로서는 유자유(Crude Palm Oil)가 사용된다. 이 프로그램에 참가하기 위해서는 이슬람 은행은 BNM과 상품 무라바하 계약(Cmmmodity Murabahah Agreement)을 체결해야 하는데, 지금까지 8개의 이슬람 은행이 이 계약을 체결했다. 또 이슬람 은행 간에서 같은 상품 무라바하 프로그램을 실행할 수도 있으며, 이슬람 은행의 자금 조달 및 운용의 양면에서 이용이 가능하다. 또 상품 무라바하 프로그램은 오버나이트(Overnight, 금융기관이 다른 금융기관으로부터 빌리는 하루짜리 초단기 외화자금)로 거래할 수 있다.

상품 무라바하 이외의 은행 간 자금 조달 및 운용 수단으로는 이슬람 채권의 매매가 실시되고 있다. 예를 들어 말레이시아에서는 이슬람 은행의 단기출자조달 및 운용 수단으로서 샤리아 적격 재산인 정부 투자 증권(GII, Government Investment Issues)의 매매가 이루어진다. 자금을 운용하는 은행(A은행)은 자금을 조달하는 은행(B은행)을 상대로 GII를 후불로 매각(가격 X)하고, 동시에 B은행은 이것을 A은행에 되팔아, A은행은 구입 자금을 현물을 기초로 B은행에 지급(가격 Y)한다. 기일이 되어 B은행은 A은행에 후불 구입 자금(가격 X)을 지급하는데, X는 Y에 이자 상당분을 추가한 가격이다. 여기에서는 바이 알 이나 방식이 이용되고 있다.

03

이슬람 채권과 이슬람 보험

이슬람 채권(스쿠크)

샤리아에 적합한 형식으로 발행되는 이슬람 채권을 스쿠크라 한다. 최근 이슬람 금융의 확대에서 가장 현저하게 증가하는 것이 바로 스쿠크다. 스쿠크가 증가하면서 이슬람 금융이 바야흐로 세계적인 확대를 맞이했다고 해도 과언은 아니다.

스쿠크는 채권 발행을 뒷받침하는 자산의 존재를 제외하면 일반 채권과 거의 유사하다. 그리고 이슬람 채권이기 때문에 이자 수수는 없으며 수익 배분, 임대료 지불이라는 형식으로 이자가 지급된다. 스쿠크는 일반 채권과 마찬가지로 세계 각지의 증권거래소에 상장할 수 있으며, 비이슬람권 국가의 증권거래소인 런던, 더블린, 룩셈부르크 증권거래소에도 상장되어 있다. 결제에 있어서도 일반 채권과 마찬가지로 유로클리어(Euroclear) 등의 증권 결제기구를 통해 결제가 가능하다.

초기 단계에서 스쿠크는 이자라 와 BBA에 근거한 거래가 대부분이었다. BBA에 근거한 스쿠크의 경우 스쿠크 발행 기업은 우선 투자자에게 자산을 매각하고 투자자는 기업에 대금을 지급한다. 그리고 기업은 매각한 자산을 투자자로부터 마진을 추가한 금액으로 다시 매수한다. 기업은 그때의 대금을 스쿠크 발행으로 지급한다. 기업은 스쿠크 만기까지 분할로 지급하는 형태를 취한다. 이자라에 근거한 스쿠크의 경우 일반적으로 기업은 특별목적회사(Special Purpose Company, SPC)를 설립하고 그곳으로 자산을 이전시킨다. SPC는 그것을 뒷받침하기 위해 스쿠크를 발행하고 발행대금은 기업에 지급된다. 기업은 자산의 임차인으로서 자산을 이용하는 한편 SPC를 경유하여 임대료를 투자자에게 지급한다.

이것들과 더불어 현재에는 다양한 유형의 스쿠크가 발행되고 있다. 이용되는 거래 방식도 무다라바, 무라샤카로 확대되면서 동시에 전환사채나 자산담보증권(Asset Back Securities, ABS)도 발행되는 등 스쿠크의 다양화가 추진되고 있다.

나중에도 언급하겠지만 아직 스쿠크 유통 시장은 발달이 저조하여 유통 시장의 육성이 스쿠크 확대의 주요한 과제라 할 수 있다. 그 요인의 하나는 샤리아 해석에서 스쿠크에도 매매가 가능한 스쿠크와

살림

Best Books

(주)살림출판사 **www.sallimbooks.com**

413-756 경기도 파주시 교하읍 문발리 파주출판문화정보산업단지 522-2번지

대표전화 031-955-1350 팩시밀리 031-955-1355

시크릿

2007년 1억 세계인의 삶을 변화시킨 『시크릿』
2008년에 이어 2009년에도 여러분께 꿈과 희망의
에너지를 전해드립니다.

소중한 사람이 힘들어하나요?

1억 세계인의 삶을 변화시킨 밀리언셀러 『시크릿』을 건네주세요. 백 마디 말보다
더 큰 위로와 격려가 될 거예요. 꿈을 현실로 바꿔주는 위대한 비밀 『시크릿』.
『시크릿』은 나눌수록 행복해집니다

아마존 베스트셀러 1위
뉴욕타임스 베스트셀러 1위
오프라 윈프리쇼, 래리킹 라이브 방송
타임지 '가장 영향력 있는 100인'에 선정
교보문고, 예스 24, 알라딘, 인터파크 선정 '올해의 책'
한국출판사상 최단기간 100만 부 돌파

론다 번 지음 | 김우열 옮김 | 234쪽 | 값 12,000원

"수 세기 동안 단 1%의 사람들만이 이 미묘한 차이를 알았고,
그래서 그들은 특별해졌다."

올 봄, SO HOT한 여자가 되자!
뷰티아이콘 이혜영이 전하는
THE BEAUTY BIBLE
이혜영 지음 | 250쪽 | 값 15,000원
올 봄,
머리부터 발끝까지 확 바꾸어 볼까?
하나! 트렌드세터, 뷰티아이콘 이혜영의 예뻐지는 비법
둘! 올 봄, 최신의 트렌디한 뷰티아이템으로 가장
주목받는 'So Hot'한 여자가 되는 비법
셋! 스타들과 메이크업 아티스트들이 누구에게도
가르쳐주지 않는 뷰티 아이디어 엿보기
차인표 지음
232쪽 | 값

03

이슬람 채권과 이슬람 보험

이슬람 채권(스쿠크)

샤리아에 적합한 형식으로 발행되는 이슬람 채권을 스쿠크라 한다. 최근 이슬람 금융의 확대에서 가장 현저하게 증가하는 것이 바로 스쿠크다. 스쿠크가 증가하면서 이슬람 금융이 바야흐로 세계적인 확대를 맞이했다고 해도 과언은 아니다.

스쿠크는 채권 발행을 뒷받침하는 자산의 존재를 제외하면 일반 채권과 거의 유사하다. 그리고 이슬람 채권이기 때문에 이자 수수는 없으며 수익 배분, 임대료 지불이라는 형식으로 이자가 지급된다. 스쿠크는 일반 채권과 마찬가지로 세계 각지의 증권거래소에 상장할 수 있으며, 비이슬람권 국가의 증권거래소인 런던, 더블린, 룩셈부르크 증권거래소에도 상장되어 있다. 결제에 있어서도 일반 채권과 마찬가지로 유로클리어(Euroclear) 등의 증권 결제기구를 통해 결제가 가능하다.

초기 단계에서 스쿠크는 이자라 와 BBA에 근거한 거래가 대부분이었다. BBA에 근거한 스쿠크의 경우 스쿠크 발행 기업은 우선 투자자에게 자산을 매각하고 투자자는 기업에 대금을 지급한다. 그리고 기업은 매각한 자산을 투자자로부터 마진을 추가한 금액으로 다시 매수한다. 기업은 그때의 대금을 스쿠크 발행으로 지급한다. 기업은 스쿠크 만기까지 분할로 지급하는 형태를 취한다. 이자라에 근거한 스쿠크의 경우 일반적으로 기업은 특별목적회사(Special Purpose Company, SPC)를 설립하고 그곳으로 자산을 이전시킨다. SPC는 그것을 뒷받침하기 위해 스쿠크를 발행하고 발행대금은 기업에 지급된다. 기업은 자산의 임차인으로서 자산을 이용하는 한편 SPC를 경유하여 임대료를 투자자에게 지급한다.

이것들과 더불어 현재에는 다양한 유형의 스쿠크가 발행되고 있다. 이용되는 거래 방식도 무다라바, 무라샤카로 확대되면서 동시에 전환사채나 자산담보증권(Asset Back Securities, ABS)도 발행되는 등 스쿠크의 다양화가 추진되고 있다.

나중에도 언급하겠지만 아직 스쿠크 유통 시장은 발달이 저조하여 유통 시장의 육성이 스쿠크 확대의 주요한 과제라 할 수 있다. 그 요인의 하나는 샤리아 해석에서 스쿠크에도 매매가 가능한 스쿠크와

[표 2–10] **스쿠크의 구조**

① 이자라 스쿠크

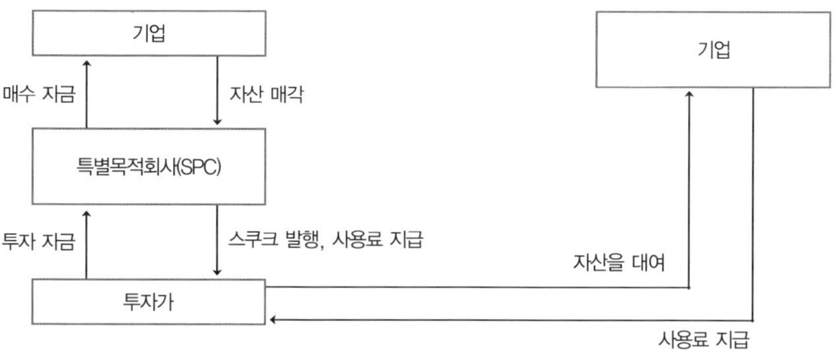

② 무샤라카 스쿠크

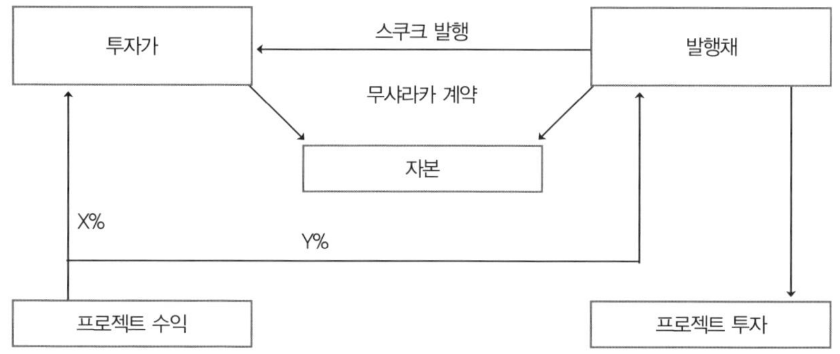

매매가 인정되지 않는 스쿠크가 존재하기 때문이다. 현물자산과 부분소유권을 의미하는 이자라, 무샤라카, 무다라바 형태의 스쿠크는 매매가 가능하고, 재산의 교환을 나타내는 살람, 무라바하 형태의 스쿠크는 매매가 불가능하다고 해석하는 이슬람 법학자들도 많다.

세계 최대의 스쿠크 시장으로 성장한 말레이시아의 상황을 보면,

[표 2-11] **말레이시아의 방식별 · 산업분야별 사채 발행 상황**
(2007년 3월 발행 금액 기준 점유율, %)

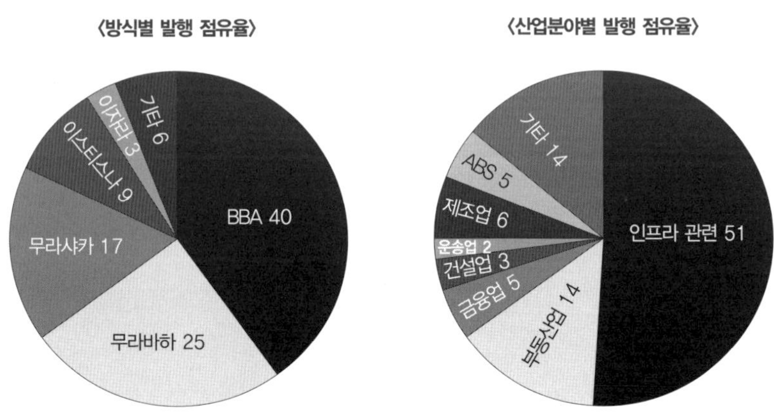

출처 : Rating Agensy Malaysia Berhad.

2006년 말 시점에서 스쿠크의 방식별 점유율(액면 기준)은 BBA가
40%, 무라바하가 25%로 두 종류가 절반 이상을 차지하고 있으며 무
샤라카 17%, 이스티스나 9%, 이자라 3%가 그 뒤를 따른다. 이들 다
섯 가지 방식을 모두 더하면 점유율 94%로 스쿠크의 대부분을 차지
하게 된다. 각국의 샤리아 해석의 차이로 어느 시장으로 판매하는 것
을 중시하느냐에 따라 이용하는 방식도 달라진다. 또 산업분야별로
스쿠크의 발행 점유율(액면 기준)을 살펴보면 인프라 관련이 51%로
가장 높은 비율을 차지한다.

이슬람 보험(타카풀, Takaful)

이슬람 사회에서 보험업은 샤리아가 금지하는 요소를 지닌 것으로 부정된다. 보험업은 이슬람 금융의 기본 원리에서 금기했던 가라르(Gharar, 불확실성), 마이시르(Maisir, 도박 및 투기), 리버(Riba, 금리) 요소를 모두 지닌 것으로 여겨진다. 보험이란 사고가 일어날지 어떨지 모르는 불확실한 상태에서 소액의 보험료를 지불하여 거액의 보험금을 타는 것이기 때문에 투기적인 요소가 있으며, 보험 회사가 보험료를 운용할 때 이자가 발생하기 때문이다. 그러나 다른 한편에서 보자면 사고를 당한 불행한 사람을 상부상조하는 관점에서 상대를 지원하는 것은 무슬림의 의무이기도 하다. 이 때문에 타카풀이라 불리는 이슬람 보험이 생겨났다. '타카풀'이란 아랍어로 '상부상조'라는 뜻이며, 1979년 수단에서 최초로 타카풀 사업자가 나타났다. 그 직후에 사우디아라비아에서도 타카풀 사업자가 설립되었고, 말레이시아에서는 1984년에 '타카풀법(Takaful Act)'이 시행되어 최초의 타카풀 사업자로서 말레이시아 타카풀(Syarikat Takaful Malaysia Berhad)이 설립되었다. 따라서 타카풀의 역사는 아직 30년이 채 되지 않은 상태다.

타카풀에는 일반적인 생명보험에 해당하는 패밀리 타카풀과 손해보험에 해당하는 제너럴 타카풀이 있다. 기본적인 방식은 둘 다 동일하며, 또 타카풀 사업자는 샤리아를 준수해야 하기 때문에 이슬람 은행과 마찬가지로 샤리아 위원회를 설치해야 한다.

[표 2-12] **타카풀의 방식**

① **무다라바 모델**

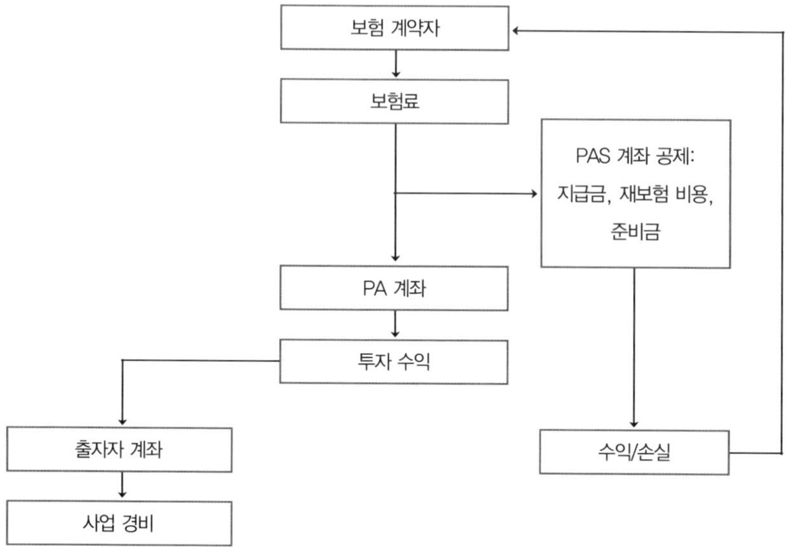

② **와카라 모델**

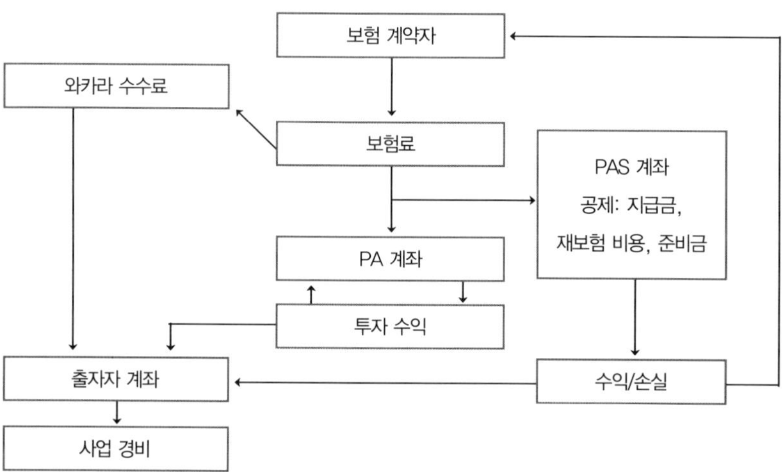

출처 : Bank Negara Malaysia.

　타카풀의 방식으로는 크게 무다라바(Mudaraba) 모델과 와카라(Wakara) 모델 두 종류가 있으며, 그와 함께 둘의 혼합 모델도 존재한다. 무다라바 모델은 말레이시아에서 일반적인 모델이고, 와카라 모델은 중동 국가들에서 일반적인 모델이다. 또 와카라란 대리인(에이전트) 계약을 가리킨다. 이 둘의 차이점은 무라라바 모델의 경우 타카풀 사업자도 보험료의 운용 수익을 배분(배분 비율은 사전 합의)받지만, 와카라 모델에서는 타카풀 사업자가 소정의 수수료를 받을 뿐 운용 수익을 배분받지 않고 모든 보험 계약자에게 배분한다.

　타카풀의 가장 큰 특징은 지급 보험료가 계약자 계산(Participant Account, PA구좌)과 계약자 특별 계산(Participant Special Account, PSA 구좌)으로 나뉜다는 것이다. 와카라 모델의 경우에는 보험료에서 수수료를 제한 금액이 PA계좌와 PSA계좌에 입금되며, PA계좌 및 PSA계좌의 자금 중 지급액, 재보험 비용, 준비금 등을 제외한 금액이 투자로 돌려진다. 계약자에게 배분되는 투자 수익은 PA계좌에 적립된다. 계약자의 사망과 같은 보험 사고가 발생했을 경우에는 계약자가 PA계좌에 적립한 보험료 및 그 투자 수익과 함께 기부금과의 위치에 따라 PSA계좌에서 보험금이 지급된다. 지급액이 증가하여 자금이 부족할 경우 타카풀 사업자는 부족한 금액을 충당하기 위해 무이자 대출을 실시하여 차후 잉여가 발생했을 때 상환받게 된다. 또 해약시나 만기시에 계약자는 PA계좌의 잔액을 받을 수 있다.

　이와 같이 타카풀은 저축성이 높은 반면 보험 사고가 발생했을 경우에 일반 보험처럼 고액의 보험금을 받을 수는 없다. 또 제너럴 타카풀은 일반적으로 재산을 대상으로 한 단기 보상계약(통상 1년) 이다.

제 3 장

이슬람 금융시장

01

세계의 이슬람 금융

최근 몇 년 동안 이슬람 금융은 연평균 15%가 넘는 확대를 자랑했지만, 이슬람 금융에 관한 공식적인 통계가 존재하지 않기 때문에 그 규모를 정확하게 파악하기는 어렵다. 이슬람 금융의 국제기관인 이슬람 금융 서비스 위원회(Islamic Financial Services Board, IFSB)의 추계에 따르면 은행 자산, 스쿠크, 이슬람 투자펀드, 타카풀 등을 포함한 이슬람 금융 자산이 총액 1조 달러를 초과하는 것으로 보고 있다. 그러나 세계 전체의 금융 자산에서 차지하는 이슬람 금융 자산의 점유율은 약 1%에 지나지 않는다. 신용평가기관인 무디스(Moody's) 사의 추계를 따르면 이슬람 은행의 자산 잔고는 4,500억 달러(이슬람 전용기관 2,500억 달러, 일반 금융기관 2,000억 달러)라고 한

[표 3-1] **부문별 이슬람 금융 자산 잔고(2005년)**

금융 부문	자산 잔고(10억 달러)
이슬람 은행 자산	250.0
말레이시아 자산	200.0
파키스탄 모다라바 회사 자산	0.3
기타 비은행 부문 자산	4.0
스쿠크	18.0
말레이시아 국내 채권 잔고	17.0
이슬람 펀드	11.0
샤리아 적격 주식	300.0
타카풀	5.0
합계	805.3

출처 : IRTI & IFSB, 〈Islamic Financial Services Industry Development, Ten-Year Framework and Strategies〉.

다. 최근의 증가 추세를 고려하더라도 대략 5,000억 달러 정도이다. 또 2007년 5월에 발표된 IFSB와 이슬람 조사 교육기관(Islamic Research and Training Institute, IRTI)의 공동 보고서에 따르면 2005년 시점의 이슬람 금융의 자산 잔고는 8,000억 달러를 넘어섰으며, 앞으로 연 15%의 증가율로 추이하면 2015년에는 2조 8,000억 달러를 웃돌 것으로 추산하고 있다(「Islamic Financial Services Industry Development, Ten-Year Framework and Strategies」).

무슬림 사회에서도 이슬람 금융의 점유율은 10% 정도에 지나지 않는 데다 대부분의 무슬림들도 일반 금융을 이용하고 있다. 그 원인은 이슬람 금융의 확대가 최근의 일인 데다 확대되기 이전의 무슬림들은 대체로 일반 금융을 이용할 수밖에 없었기 때문이다. 그러나 이슬람 금융을 이용할 수 있는 기회가 확대되면 무슬림들은 일반 금융이 아닌 이슬람 금융을 더 많이 이용할 가능성이 높다. 특히 9·11 테러 이후 종교 의식을 강화해 온 무슬림은 가령 일반 금융과 비교했을 때 투자 조건이 다소 좋지 않더라도 이슬람 금융을 선호하는 경향이 있다는 평가를 받는다. 또 지금까지는 이슬람 금융에 예금할 기회마저 한정적이었기 때문에 어쩔 수 없이 현금으로 보유하던 자산을 이슬람 금융의 예금으로 이동시키고 있는 것이 최근의 상황이다.

신용평가기관인 스탠다드 앤 푸어스(Standard & Poor's) 사가 각국의 무슬림 인구와 1인당 GDP를 바탕으로 계산한 이슬람 은행의 시장 규모를 공표했다. 그에 따르면 세계 전체의 이슬람 은행의 잠재적 시장 규모는 약 4조 2,000억 달러로 상승했다고 한다(S&P, 「Islamic Financial Comes of Age: Why? How? How Far?」, October 2006). 가장 규모가 큰 곳은 무슬림 인구가 가장 많은 인도네시아(6조 1,500억 달러)다. 그 다음이 아랍 연안 지역(5조 1,500억 달러), 그리고 발칸 반도를 제외한 유럽 지역(4조 6,900억 달러), 터키(4조 2,000억 달러), 북아프리카 지역(3조 3,700달러)이 그 뒤를 잇고 있다. 유럽 지역이 3위를 차지하는 이유는 무슬림 인구는 비록 1,500만 명 정도로 소수라도 1인당 GDP가 높기 때문이다. 실제로는 무슬림 인구 전체가 이슬람 은행만을 이용한다고 규정할 수 없지만, 무슬림의 높은 인구 증가율, GCC 및 아시아 국가들처럼 고도성장을 기록하는 이슬람 국가들이 많다는 것을 고려하면 향후 이슬람 금융의 확대 가능성은 상당히 높은 것으로 추측할 수 있다.

게다가 이슬람 금융은 무슬림들만 이용하는 것이 아니라, 비무슬림들도 이용할 수 있다. 말레이시아에서는 비무슬림들의 이슬람 금융 이용이 전체의 70%를 차지하고 있는데 비해 무슬림들의 이용은 30%에 지나지 않는다는 조사 결과도 나와 있다(회계사무소 딜로이트에 의한 2003년의 조사 결과).

또 이슬람 금융에서 조달된 자금은 투자 대상 역시 이슬람 금융에 적합한 대상이어야 하고, 이슬람 금융 방식으로 투자되어야 한다. 따라서 이슬람 금융 서비스도 함께 제공하는 일반 금융기관에서 모아들인 이슬람 예금 또한 일반 금융의 투자로 전환할 수 없기 때문에 이슬람 금융의 투자로 한정된다. 이것 역시 이슬람 금융의 확대로 이어지고 있다.

02

이슬람 은행 시장

이슬람 은행 시장의 확대가 실제 어떤 방식으로 이루어지고 있는지 GCC 국가들과 말레이시아를 중심으로 살펴보도록 하자. 이슬람 은행과 일반 은행의 비교 및 이슬람 은행의 특징에 관해서는 제4장을 참조하기 바란다.

페르시아 만 국가들의 이슬람 은행 시장

① 바레인

이슬람 금융의 허브 시장을 목표로 하는 바레인에서는 정부가 이

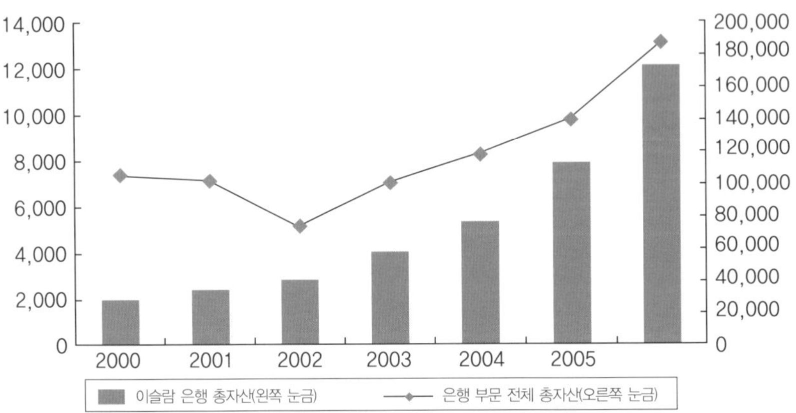

출처 : 바레인 중앙은행.

슬람 금융의 진흥을 위한 정책을 적극적으로 제시하고 있다. 바레인은 GCC 국가들 중에서도 이슬람 은행 업무에 관한 법적 구조를 확실하게 정비한 유일한 나라이며 이슬람 금융에 관한 인프라도 잘 정비되어 있다. 이 때문에 바레인의 금융시장에서는 일반 은행과 이슬람 은행이 공동으로 파이낸싱을 계획하는 등, 일반 은행과 이슬람 은행의 관계 긴밀화가 엿보인다. 또 유럽 및 미국 금융기관들도 바레인에서 이슬람 금융으로 참가하고 있다. 그 결과 이슬람 은행의 경쟁력 향상과 같은 선순환이 연달아 나타나고 있다.

은행 시장을 보면 2002년에서 2006년까지 은행 전체의 총자산 연평균 증가율은 26.1%로 높은 수치를 기록했다. 그리고 이슬람 은행은 43.1%의 증가와 이것을 크게 웃도는 증가율을 기록했다. 특히

[표 3-3] **아랍에미리트연방의 이슬람 은행 점유율(2006년 말)**

(단위 : 백만 달러)

	은행 부문 전체	이슬람 은행	이슬람 은행 점유율(%)
총자산	232.026	32.355	13.9
예금	151.059	23.147	15.3
대출	141.666	18.195	12.8
수익	5.4	0.7	12.4

출처 : 아랍에미리트연방 중앙은행.

2006년은 전년도 대비 52.4%가 증가하여 2006년 연말의 이슬람 은행 총자산액은 122억 달러를 넘어섰다. 그러나 금융 부문 전체에서 차지하는 점유율은 아직 6.5%에 지나지 않는다.

② 아랍에미리트연방

바레인과 마찬가지로 중동 지역의 금융 중심화를 목표로 하고 있는 아랍에미리트연방에서도 최근 몇 년 동안 이슬람 금융이 급속하게 확대되고 있다. 대기업 은행을 포함한 각 은행들도 이슬람 금융에 참가하기 시작하여 이슬람 금융 상품을 확대하고 있다. 2006년 연말 시점에서 이슬람 은행의 점유율을 보면 총자산 13.9%, 예금 15.3%, 대출 12.8%, 수익 12.4%다.

③ 사우디아라비아

사우디아라비아의 이슬람 은행의 특징으로는 소비금융 분야의 확대를 들 수 있다. 사우디아라비아에서 이슬람 전용 은행은 두 개로 알라지 은행과 알빌라트 은행(Al-Rajhi Bank, Bank Al Bilad)이고, 그 외에는 일반 은행 서비스와 이슬람 은행 서비스 양쪽 모두를 제공하고 있다. 이슬람 은행의 서비스를 제공받으려는 고객은 샤리아를 엄격하게 해석하는 경향이 강하기 때문에 예금 은행으로서 이슬람 전용 은행을 선택하는 비율이 높다. 이슬람 예금은 물론 무이자이기 때문에 예금을 많이 획득한 은행은 상대적으로 자금 비용이 낮아 수익성은 높아지는 결과를 보인다.

2002년에서 2005년에 걸쳐 은행 예금 전체에서는 연평균 12.9%의 증가를 보인데 비해 이슬람 예금은 17.4%로 이것을 웃도는 증가율을 보였다. 특히 이슬람 전용 은행인 알라지 은행의 예금 증가율은 같은 시기에 37.2%를 기록했다. 또한 2002에서 2005년 사이 같은 은행의 인터넷 수익 연평균 증가율은 58.6%로, 은행 부문 전체의 36.3%보다 크게 웃돌았다. 2005년 이후에는 인터넷 수익 부문에서 최고의 자리를 차지하고 있다. 알라지 은행는 국내에 397개의 지점(2006년 3월)을 가지고 있으며, 최대 점포망 전개를 통해 이슬람 예금을 속속 모아들이고 있다. 그리고 이슬람 전용 은행 이외의 은행에서도 이슬람 예금 획득에 전력을 쏟고 있어 사우디아라비아에서는 소비금융 분야의 이슬람 은행 서비스 경쟁이 고조되고 있다.

④ 쿠웨이트

쿠웨이트 또한 사우디아라비아와 매우 유사한 상황이다. 쿠웨이트에서는 1977년에 설립된 KFH(Kuwait Finance House)만이 이슬람 전용 은행으로서 독점적인 지위를 차지하고 있었다. 그러나 2004년에 성립된 법률(Law No.30)을 근거로 기존 은행이 절반 이상의 자본을 지닌 자회사를 통해 이슬람 금융 업무를 실시하고, 쿠웨이트 중앙은행의 인가를 받아 이슬람 전용 은행으로 전환하는 것이 인정되었다. 이로써 2005년 9월 이슬람 전용 은행이 오픈했고, 2006년 12월 쿠웨이트 중앙은행은 쿠웨이트 부동산 은행(Kuwait Real Estate Bank, KREB)이 이슬람 전용 은행으로 전환하는 것을 승인했다. 그리고 쿠웨이트 중앙은행은 2007년 절반 이상의 정부 출자로 새로운 이슬람 전용 은행을 설립하기로 결정했다.

이처럼 이슬람 은행으로 참가하는 작업이 추진되는 이유는 이슬람 은행의 성장 기대가 높기 때문이다. 일반 은행의 총자산액이 2003년 157억 쿠웨이트 디나르(59조 6,600억 원, 1쿠웨이트 디나르＝약 3,800원)에서 2006년에는 222억 쿠웨이트 디나르로 증가하고 연평균 12.3%의 증가율을 기록한 것에 비해, 이슬람 은행은 30억 쿠웨이트 디나르에서 68억 쿠웨이트 디나르로 두 배 가까이 증가하고 연평균 증가율은 30.9%나 되었다. 2006년 9월 시점에서 이슬람 은행의 시장 점유율을 보면, 총자산 23.5%, 예금 22.1%, 대출 23%를 기록하며 은행 시장의 약 4분의 1을 이슬람 은행이 점유하고 있다. 이처럼 이슬람 은행에 대한 참가가 적극적으로 추진되는 것을 고려하면 앞으로 이슬람 은행 간 경쟁이 고조되면서 이슬람 은행의 시장도 확대해 나갈 것으로 보인다.

말레이시아의 이슬람 은행 시장

이슬람 은행 및 금융시장이 전체적으로 순조로운 확대를 보이는 곳은 말레이시아다. 이슬람 은행 부문(이슬람 전용 은행, 일반 은행의 이슬람 금융 부문)의 총자산은 2000년 이후 연평균 18.9%의 증가를 기록하고 있다. 또한 2006년의 전년도 대비 증가율은 20.5%로 상승하여, 같은 해 연말의 이슬람 은행 부문의 총자산액은 1,330억 링깃(41조 2,300억 원, 1링깃＝약 310원), 은행 부문 전체의 점유율은 12.2%였다. 이슬람 금융의 확대 이유는 샤리아에 적합한 이슬람 금융 상품에 대한 수요가 증가하고 있기 때문으로 지적된다. 이 때문에 이슬람 금융을 병합하는 방식으로 내외의 금융기관이 이슬람 은행 부문으로 참가하는 경우도 증가하고 있다. 이슬람 전용 은행의 수를 보면 2004년에 2개, 2005년에는 6개, 2006년에는 10개로 매년 증가하는 추세다. 국내 은행의 이슬람 금융 부문이 이슬람 전용 은행으로 전환하고 있는 것과 더불어 중동의 금융기관이 이슬람 금융의 확대가 분명한 말레이시아에서 새롭게 이슬람 전용 은행을 설립하는 움직임을 보이고 있어 이슬람 전용 은행의 수가 더욱 증가하고 있다.

이와 같이 이슬람 금융에 관한 수요와 공급의 양 측면에서 확대가 이어지고 있다. 이 경향은 앞으로도 지속될 전망이며, 말레이시아 정부는 2010년까지 이슬람 금융의 점유율을 20%로 끌어올리는 것을 목표로 정했다.

이슬람 은행 부문의 확대를 대출과 예금으로 나누어 살펴보면, 대

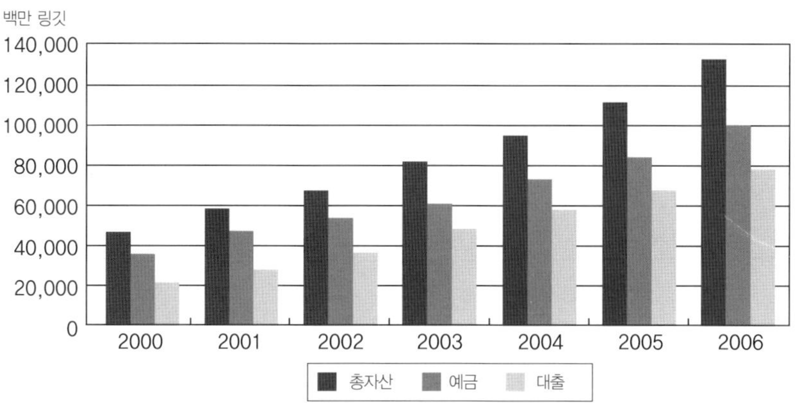

출처 : Bank Negara Malaysia.

출액에서 2006년에는 전년도 대비 12.3% 증가했으며, 같은 해 연말의 대출 잔고는 785억 링깃으로 은행 부문 전체 점유율은 13.2%였다. 한편 예금액에서 2006년에는 전년도 대비 18.2%로 급격한 증가를 보였다. 예금 종류별로 살펴보면 투자 예금(특별 투자 예금을 포함)이 전년도 대비 10.3% 증가했으며, 총예금 점유율은 49.6%로 이슬람 예금의 절반을 차지했다. 저축예금은 16.7%, 당좌예금은 38.8%로 증가했다. 투자 예금도 기간별로는 기간 1년 미만이 95.2%를 차지하여, 이슬람 금융은 전체적으로 단기 예금의 경향을 보이는 것을 알 수 있다.

말레이시아에서는 이슬람 은행 간의 거래도 순조롭게 증가하고 있다. 2006년 은행 간 자금 시장 거래(레포 거래 등 채권 거래는 제외)

는 2조 868억 링깃이었다. 그 중 22.6%에 해당하는 2,561억 링깃이 무다라바 방식의 이슬람 금융 거래가 차지했다.

이슬람 금융

03

이슬람 채권 시장

▌세계 스쿠크 시장

① 스쿠크 발행 시장

최근 이슬람 금융의 급격한 확대에는 이슬람 채권인 스쿠크가 담당한 역할이 크다고 평가된다. 이슬람 금융은 지금까지 주로 소비금융 분야에서 소규모로 운영되다가 스쿠크 시장이 확대되면서 생산금융 분야를 포함한 금융시장 전반으로 확대했다.

세계 전체의 스쿠크 발행액의 추이를 보면 2002년에는 8억 1,900만 달러에 지나지 않았던 것이, 2003년에는 57억 2,500만 달러로 급격한 증가 추세를 보이다가 2005년에는 118억 2,900만 달러로 100억

[표 3-5] **스쿠크 발행액의 추이**

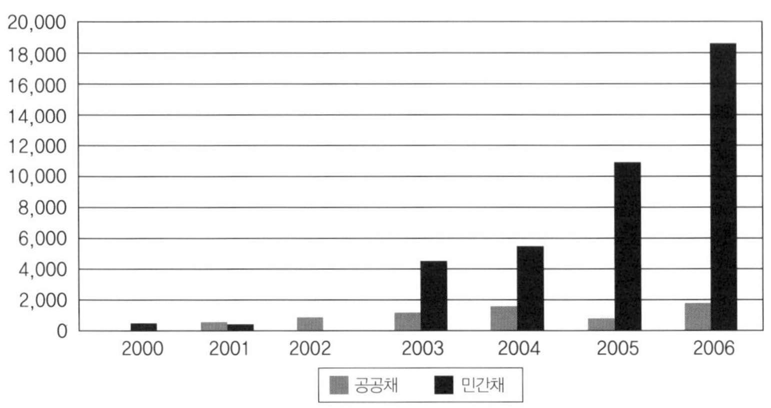

출처 : International Islamic Financial Market

달러를 넘어섰다. 그리고 2006년에는 전년도와 대비해서 거의 두 배로 증가하여 205억 7,500만 달러를 기록했다. 2006년 연말 스쿠크 발행액은 누적 기준으로 505억 3,200만 달러로 500억 달러를 초과했다. 스쿠크 발행액은 2010년까지 1,500억 달러에 달할 것으로 예상된다.

세계 전체의 스쿠크 발행액을 공공채와 민간채로 나누어 살펴보면, 2003년 이후 민간채가 급증세를 보이고 있다. 2006년 민간채 발행액은 187억 8,200만 달러로 발행액 전체에서 차지하는 점유율은 91.3%였다. 이것을 보면 스쿠크 시장의 확대가 오로지 민간채 발행에 의해 이루어지고 있다는 사실을 알 수 있다.

스쿠크 시장의 각 나라별 점유율을 살펴보면, 세계 최대의 스쿠크

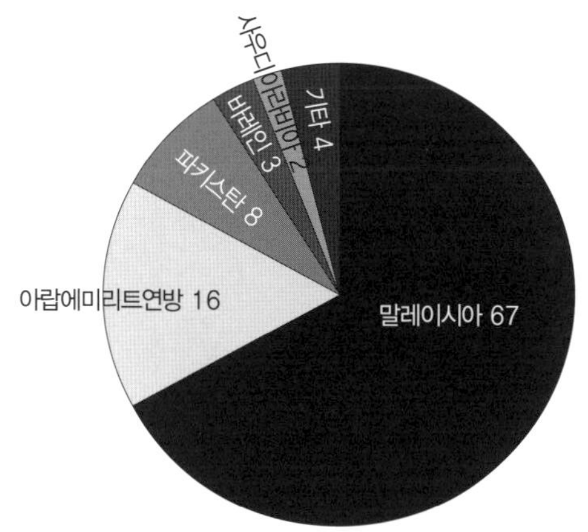

출처 : Bloomberg.

시장은 역시 말레이시아로, 점유율은 67%를 초과하고 있다. 그리고 아랍에미리트연방의 점유율이 16%, 파키스탄이 8%로 그 뒤를 잇고 있으며, 중동의 금융센터인 바레인은 4위로 점유율 3%에 머물고 있다. 아랍에미리트연방에서는 최근 두바이 금융시장의 대형 기채가 겹쳤던 영향이 크다.

또 발행채의 업종별 내역을 살펴보면, 2006년에는 인프라 관련이 28%로 최대 점유율을 차지하고 있으며, 금융기관이 21%로 그 뒤를 따르고 있다. GCC 국가들은 앞으로 인프라 투자에 대한 수요도 클 것으로 예상되기 때문에 2007년에서 2009년 사이 3년 동안 스쿠크 발행을 통한 인프라 관련 투자 조달액은 500억 달러를 넘을 것으로 전망된다.

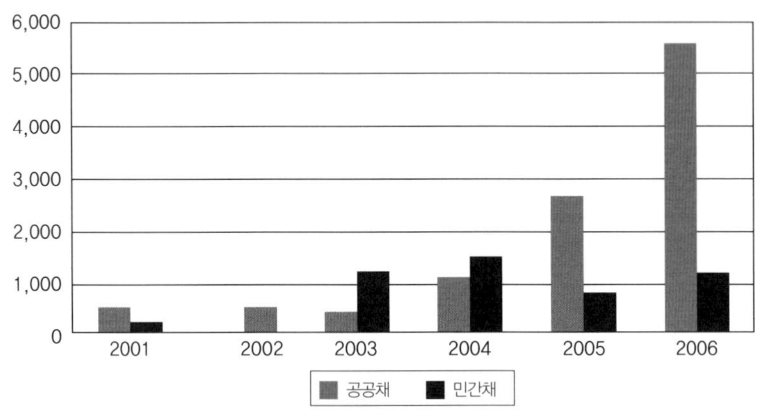

출처 : International Islamic Financial Market.

　일반적인 채권과 마찬가지로 스쿠크에도 거주자에 의해 발행되는 국내 채권과 비거주자에 의해 발행되는 국제 채권이 존재한다. 스쿠크 국제 채권(글로벌 스쿠크)의 발행액 추이를 보면 스쿠크 전체의 발행 동향과 마찬가지로 확대하고 있으며, 2006년의 발행액은 65억 8,500만 달러였다. 그리고 공공채와 민간채로 나누어 살펴보면, 시장의 확대는 역시 민간채의 증가에 의한 것으로, 2006년 민간채 발행액은 54억 6,900만 달러로 점유율은 83%에 달했다.

　글로벌 스쿠크의 발행채는 현재까지 12개국(바레인, 브루나이, 쿠웨이트, 아랍에미리트연방, 말레이시아, 독일, 미국, 영국, 카타르, 사우디아라비아, 파키스탄, 인도네시아)으로 파급되고 있다. 그중에는 독일, 미국, 영국과 같은 이슬람교국이 아닌 유럽 및 미국이 포함되어 있다. 독일

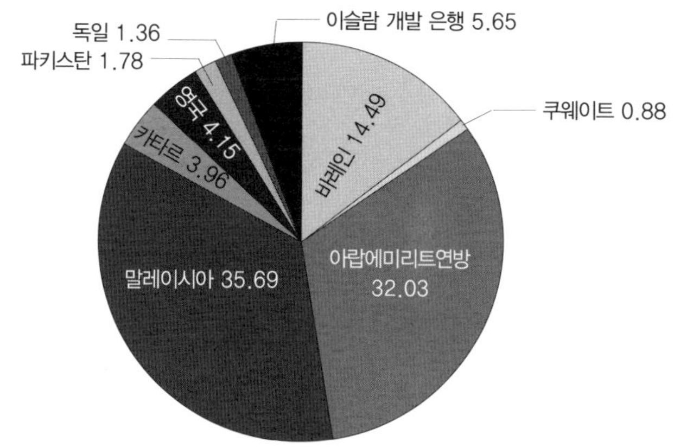

출처 : International Islamic Financial Market.

에서는 작센 안할트(Sachsen-Anhalt) 주정부가 1억 유로의 글로벌 스쿠크를, 미국에서는 가스 회사인 이스트 카메론(East Cameron)이 1억 6,600만 달러의 글로벌 스쿠크를 발행하고 있다. 2007년 5월 16일 시점의 글로벌 스쿠크 발행채의 국가별 점유율(금액 기준)을 살펴보면 [표 3-8]과 같다. 게다가 앞으로는 중국, 일본(국제협력은행)에 의한 글로벌 스쿠크의 발행도 계획되어 있다. 그리고 영국에서는 스쿠크 국채의 발행 준비가 추진되고 있어 스쿠크 시장의 확대 및 지표 종목의 창출로 이어질 것으로 기대되고 있다.

스쿠크는 일반 채권과 마찬가지로 증권거래소에 상장되어 있으며, 세계 최대의 스쿠크 상장 거래소(상장금액 기준)는 아랍에미리트연방의 두바이 국제금융 거래소(DIFX)다. DIFX의 상장액은 2007년 6월에 두바이 국제금융센터 인베스트먼트(DIFC Investments LLC)의 5년 채(12억 5,000만 달러)가 상장된 결과, 104억 3,000만 달러로 DIFX 는 액면 기준으로 세계 상장 스쿠크 70%를 차지하게 되었다. 또 런던 증권거래소는 DIFX와 사업 제휴, 상호 자본 참가를 검토하고 있다고 한다.

글로벌 스쿠크의 발행을 살펴보면 최근 발행액이 대형화하는 경향을 엿볼 수 있다. 10억 달러를 웃도는 글로벌 스쿠크가 발행된 예로서는 두바이 글로벌 스쿠크(Dubai Global Sukuk FZCO)에 의한 10억 달러(2004년 11월 발행), 두바이 항만 세관 자유무역지대(Dubai Ports, Customs & Free Zone Corporation)에 의한 35억 달러(2006년 1월 발행, 세계 최대의 스쿠크), 알다 부동산 스쿠크(Al Dar Properties Sukuk)에 의한 25억 3,000만 달러(2007년 1월 발행)를 들 수 있다. 또 기업 매수 자금을 스쿠크 발행으로 조달하는 사례도 나오기 시작하여, 두바이 항만 세관 자유무역지대에 의한 35억 달러의 스쿠크는 영국 선박회사인 P&O사의 매수자금으로 사용되었다. 쿠웨이트의 인베스트먼트 다르(Investment Dar)와 아딤 인베스트먼트(Adeem Investment Co.)는 스쿠크를 이용하여 영국 자동차 회사인 애스턴 마틴(Aston Martin)의 주식을 획득했다.

스쿠크 발행에 관한 기채 서류 등의 표준화도 서서히 진행되고 있어, 스쿠크 발행에 소요되는 비용도 낮아지는 경향을 보이고 있다. 또 스쿠크 종류도 이자라, BBA와 더불어 무다라바, 무샤라카로 확대되어 다양한 종류의 스쿠크가 발행될 수 있는 환경이 조성되고 있다.

　국제 자본시장 협회(The International Capital Market Association, ICMA)와 바레인의 국제 이슬람 금융시장(The International Islamic Financial Market, IIFM)은 국제 이슬람 금융시장의 발전을 위해 공동 행동을 취하자는 각서에 조인하여, 스쿠크에 관한 계약 서류와 시장 관행의 표준화를 발전시키기 위해 협조해 나갈 계획이다. 또 중동 국가들의 투자자들이 일반 채권보다 스쿠크를 선호하기 때문에 스쿠크에 대한 수요도 증가하고 있어 대형 스쿠크의 발행이 가능해졌다. 이러한 경향은 앞으로도 지속되어, 스쿠크 시장은 엄청난 확대를 보일 전망이다. 스쿠크에 대한 투자자들의 절반은 비무슬림 투자자라는 보도도 있다. 앞서 언급했던 2007년 6월 발행한 두바이 국세금융센터 인베스트먼트채(12억 5,000만 달러)에서는 67%가 중동 국가들 이외의 투자자(유럽 투자자 47%, 아시아 투자자 20%)에게 판매되었다. 투자자별로는 54%가 은행, 35%가 펀드매니저, 7%가 중앙은행 및 정부기관, 4%가 보험회사 및 연금펀드였다.

　스쿠크의 또 하나의 경향은 민간채 부문에서 기간이 장기화하는 경향을 보인다는 것이다. 2006년에 발행된 민간채의 기간별 점유율을 보면, 1~5년이 40.7%로 최대인 데 비해 1~10년이 33.5%, 10~15년이 20.6%를 차지하고 있으며, 20년을 초과하는 것도 5%의 점유율을 보이고 있다.

② 스쿠크 유통 시장

스쿠크 시장의 더 큰 확대를 위해서는 스쿠크의 유통 시장이 육성
되어 거래가 활발해질 필요가 있다. 그러나 스쿠크는 실물 자산을 뒷
받침하는 이자라 스쿠크를 제외하고는 기술적으로 매매가 어렵다는
문제점도 안고 있다. 또 매매가 활발해지기 위해서는 거래 기준이 되
는 지표종목(벤치마크)이 있어야 하고, 거래가격 등의 투명성이 보장
될 필요가 있다. 벤치마크는 일반적으로 신용도가 높은 국채가 이에
해당하는데, 말레이시아에서는 정부가 적극적으로 스쿠크를 발행함
으로써 벤치마크를 육성하려는 움직임을 보이고 있다. 그러나 GCC
국가들의 경우는 재정적으로 여유가 있는 데다 애초에 국채를 발행
하는 데 따른 인센티브가 빈약하고 국채 시장도 발달되지 않은 상태
다. 앞서 말했던 영국의 스쿠크 국채 발행 계획에서는 런던에 스쿠크
유통 시장을 설립함으로써 런던 시장을 이슬람 금융의 국제적 금융
센터로 만들려는 목표를 내걸고 있다. 스쿠크 유통 시장의 육성은 남
겨진 과제로서 향후 스쿠크 시장의 확대를 위한 핵심 요소라 할 수
있다.

페르시아 만 국가들의 스쿠크 시장

GCC 국가들에 의한 스쿠크 발행액은 2001년 1억 달러에서 2006
년에는 42억 1,000만 달러로 급등세를 보이고 있다. 특히 2003년 이

[표 3-9] **스쿠크 기간별 점유율(%)**

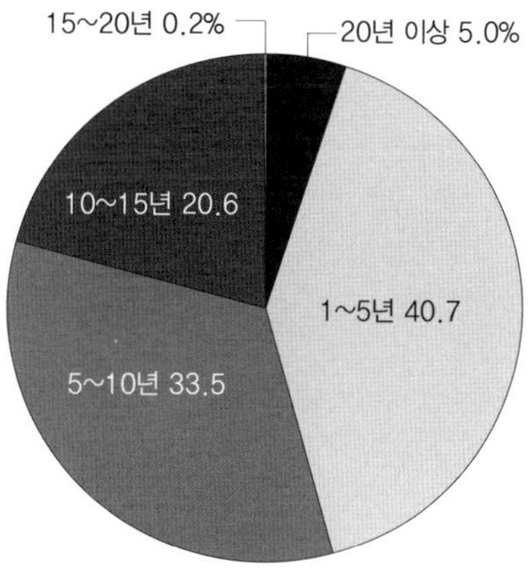

출처 : Kuwait Finance House.

후의 증가 추세는 현격하다. GCC의 6개국에서 2006년 신규 채권 발행 중 80% 정도를 스쿠크가 차지한다는 추계도 있다.

또 GCC 국가들에서 발행되는 스쿠크는 2004년까지는 1~3년 정도의 중기 채권이 중심이었는데 비해, 현재는 5년이 중심이 되고 있다. 앞서 말했던 것처럼 기간이 서서히 장기화하는 경향을 엿볼 수 있다. 2006년 7월에는 사우디아라비아의 정부 계열 기업이 20년 기간의 스쿠크를 발행하여 주목을 받았다. 한편 스쿠크 유통 시장은 거의 존재하지 않은 상태에서 투자가는 일반적으로 만기까지 스쿠크를 보유하게 된다.

스쿠크 발행을 담당하는 금융기관으로서 최근 유럽 및 미국의 주요 투자은행의 활약이 눈에 띤다. 유럽 및 미국 은행의 스쿠크 시장

[표 3-10] **GCC 국가들에 의한 스쿠크 발행액의 추이**

출처 : Liquidity Management Center 등.

참가는 스쿠크 시장이 확대하면서 수익을 창출하는 기회로서 기대할 만하게 되었다는 증거다.

GCC 국가들 중에서도 바레인, 아랍에미리트연방(두바이) 두 나라가 중동 지역의 대표적인 스쿠크 시장이 되고 있다.

① 바레인

바레인에서는 정부에 의해 다음과 같은 세 종류의 스쿠크가 발행되고 있다.

■ 이슬람 정부 단기증권(Al Salam Sukuk)

바레인 디나르 기준의 단기 채권으로서 기간은 3개월(91일), 전환 방식에 의해 매월 입찰을 통해 발행되고 있다. 알살람(Al Salam)이란

파는 쪽(바레인 정부)과 사는 쪽(이슬람 은행)이 일정한 자산을 미래 시점에서 매매하기로 약속한 거래이며 그 약속을 스쿠크로 한 것이다. 가격은 현시점에서 결정되며, 사는 쪽에서는 선불로 금액을 지급한다. 미래 시점에서 파는 쪽은 사는 쪽에 자산을 인도한 다음 동시에 선불로 지급한 가격보다 웃도는 가격으로 다시 사면서 파는 쪽에 이자 상당분을 지불한다. 이슬람 정부 단기증권은 2001년 6월부터 발행되기 시작했다.

■ 정부 단기 리스 채권(Short Term Ijarah Sukuk)

바레인 니나르 기준의 난기 채권으로서 기간은 6개월(182일)이고 입찰 방식으로 매월 발행된다.

■ 정부 장기 리스 채권(Long Term Ijarah Sukuk)

미국 달러 기준과 바레인 디나르 기준으로 발행되는 3~10년의 장기 리스 채권으로서 발행은 부정기적이고 입찰 방식에 의해 발행된다.

정부 발행 채권의 추이를 살펴보면, 2005년에는 일반 채권에 의한 국채는 사라지고(재무성 증권만 남아 있다), 스쿠크로 이동하고 있는 경향을 엿볼 수 있다. 2006년 말에는 정부 차입의 76.1%가 이슬람 금융이었다. 이는 정부 입장에서 보자면, 스쿠크를 정기적으로 발행함으로써 스쿠크 발행 시장과 유통 시장의 육성 및 확대를 꾀하고 바레인을 중동 지역 이슬람 금융의 허브 시장으로 만들려는 목표에 따

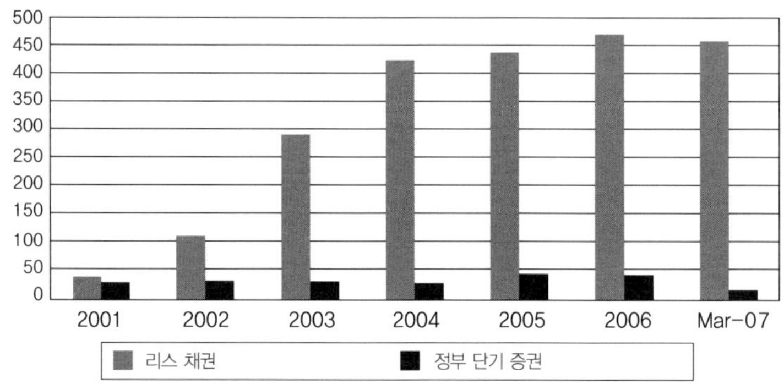

출처 : 바레인 중앙은행.

른 움직임이다.

② 아랍에미리트연방(두바이)

바레인과 마찬가지로 이슬람 금융센터가 되려는 목표를 내걸고 있는 두바이는 현재 말레이시아에 다음가는 세계 제2의 스쿠크 시장이 되었다. 특히 스쿠크 발행채, 그리고 스쿠크 상장 시장으로서의 역할을 확대하고 있다.

발행액으로 살펴본 세계 스쿠크 발행채의 상위권 3사는 모두 두바이의 기업이다. 1위는 정부 계열 부동산 개발 기업인 나크힐(Nakheel), 2위는 정부 계열 항만운영회사인 두바이 항만 세관 자유무역지대, 그리고 3위는 부동산 회사인 알다 부동산(Al Dar Properties)이다. 이들 3사의 스쿠크 발행 합계는 100억 달러를 웃돌고 있다.

두바이 국제금융센터 내에 설치된 두바이 금융 거래소는 앞서 기술한 것처럼 상장가격에서 세계 최대 스쿠크 거래소이다. 그러나 두바이에는 상장된 스쿠크를 매매하는 스쿠크 유통시장은 거의 존재하지 않는 상황이다.

말레이시아의 스쿠크 시장

세계 최대의 스쿠크 시장인 말레이시아는 지금까지 단계적으로 스쿠크 육성을 추진해 왔다. 1983년 이슬람 은행법이 제정되자 말레이시아 정부는 스쿠크 발행을 인정하는 정부투자법(Government Investment Act 1983)을 동시에 제정했다. 이슬람 은행에도 일반 은행과 동일하게 자산에 대한 유동자산 비율을 일정하게 유지하는 유동자산 규제의 준수가 요구되었지만, 이슬람 은행은 이자가 발생하는 국채와 재무성 증권을 구입할 수 없는 상황이다. 그래서 이슬람 은행에서도 구입할 수 있는 무이자 국채가 발행되어야 했기 때문이다. 정부는 정부투자법에 근거하여 무이자 국채로서 정부투자증서(Government Investment Certificates, GIC)를 발행하기 시작했고, 나중에 GIC는 정부투자증권(GII)이라는 명칭으로 변경되었다. 1994년에는 스쿠크 시장을 발전시키기 위해 증권거래 위원회(Securities Commission, SC) 내에 이슬람 투자시장과(Islamic Capital Market Unit, ICMU)를 설치했다.

그리고 2005년 6월에는 정부투자법이 개정되어 스쿠크의 종류도 많아졌으며, 만기 1년 미만의 이슬람 재무성증권(Islamic Treasury Bill, ITB)도 발행되기 시작했다. 또한 중앙은행 BNM도 2000년 11월에 할인채 형식의 이슬람 단기채권인 BNN(Bank Negara Negotiable Note)을 도입했다.

한편 민간 기업에 의한 스쿠크(회사채)가 발행되기 시작한 것은 1990년이다. 2001년에는 SC가 향후 10년간(2010년까지)의 자본시장 마스터플랜을 발표했다. 이 플랜에서는 말레이시아를 국제적인 스쿠크 센터로 만드는 것이 6개의 목표 중 하나였다(마스터플랜의 내용에 관해서는 제4장을 참조할 것). 이로써 2003년에는 스쿠크 발행 비용에 대해 5년간 세제우대조치가 마련되었고, 2004년에는 SC의 가이드라인을 통해 스쿠크 발행에 관한 규제상의 저해 요인이 줄어들면서 다양한 스쿠크를 발행할 수 있게 되었다. 이와 같은 스쿠크 시장 발전 계획 덕분에 말레이시아는 세계 최대의 스쿠크 시장으로 발전하게 되었다.

2003년에는 첫 이슬람 자산담보증권(ABS)이 발행되었고, 2006년 9월에는 말레이시아 정부의 투자기관인 카자나 내셔널(Khazanah Nasional)이 텔레콤 말레이시아를 보통 주식으로 전환할 수 있는 스쿠크를 발행하는 등, 말레이시아의 스쿠크 다양화는 상당한 발전을 보이고 있다.

더욱이 스쿠크 발행채 역시 증가하고 있다. 말레이시아 정부는 스쿠크 시장 확대를 위해서는 국제기관과 다국적기업에서 링깃 기준의 스쿠크 발행이 촉진되어야 한다고 생각하고 외국 환율관리규제를 자유화했다. 이로써 2004년 11월에는 아시아 개발은행(발행액 4억 링깃), 12월에는 국제금융공사(발행액 5억 링깃), 2005년 4월에는 세계은행(발행액 7억 6,000만 링깃)과 국제기관에서도 스쿠크를 발행하고 있다. 또 이온(AEON) 크레디트의 말레이시아 현지법인인 이온 크레디트 서비스는 일본계 기업으로는 처음으로 2007년 스쿠크 발행을 통해 자금을 조달했다. 조달된 자금은 말레이시아에서 신용카드 관련 시스템 투자 및 사업자금으로 이용될 것이다. 그리고 말레이시아 미츠비시도쿄UFJ 은행이 개입하여 미즈호 기업은행 라브안 지점이 낯낯 금융기관에 의한 은행보증을 정리하는 등 일본 은행의 활동도 전개되기 시작했다.

2006년 말 잔고 기준으로 살펴보면 공공채에서 스쿠크는 451억 링깃으로 점유율이 17.9%이지만, 민간채에서는 50.3%로 스쿠크가 절반 이상을 차지하고 있다. 말레이시아에서도 스쿠크 시장의 발전을 이끌고 있는 것은 민간채다. 스쿠크의 민간채 발행액 및 발행 건수의 동향을 살펴보면, 2005년 스쿠크 민간채의 발행 건수는 77건, 발행액은 433억 1,700만 링깃으로 상승하여 민간채 발행액에서 차지하는 스쿠크 점유율은 69%를 기록했다. 그 뒤를 이어 2006년에도 발행 건수 64건, 발행액 420억 1,870만 링깃으로 전년도보다 다소 감소했지만 점유율은 55%로 절반 이상을 차지하여, 발행 건수 및 발행액 모두에서 일반채를 웃도는 경향이 지속되고 있다. 이렇듯 민간 기업이 자금 조달에서 스쿠크 발행을 지향하는 상황을 엿볼 수 있다.

[표 3-12] **말레이시아의 스쿠크 잔고 추이(매해 월말)**

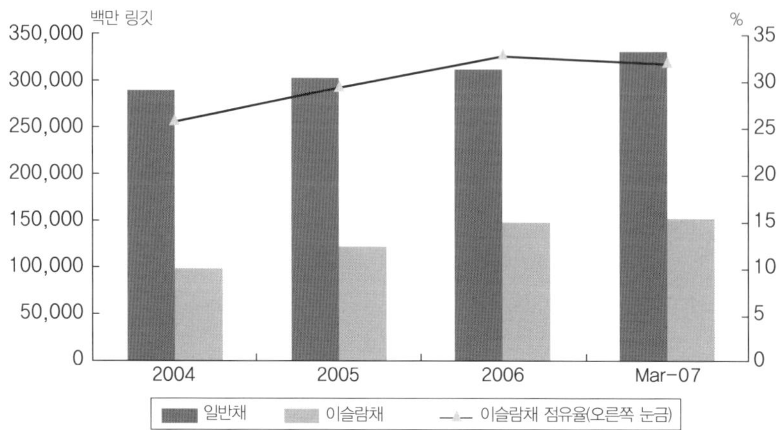

출처 : Bank Negara Malaysia.

[표 3-13] **말레이시아의 스쿠크 잔고 추이(매해 월말)**

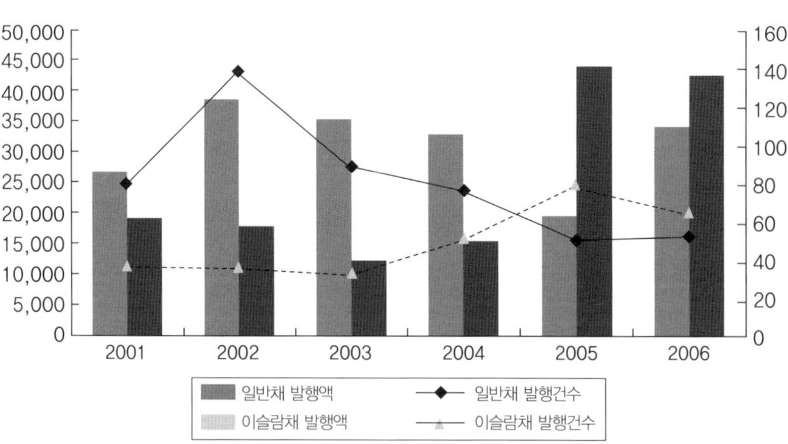

출처 : Securities Commission Malaysia.

[표 3-14] 말레이시아 스쿠크 민간채의 주된 인수인 리그테이블(2006년)

은행명	금액(백만 링깃)	점유율(%)
CIMB Investment Bank Berhad	23.613	59.2
AmInvestment Group	3.600	9.0
Aseambankers Malaysia Berhad	2.869	7.2
HSBC Bank Malaysia Berhad	2.717	6.8
RHB Investment Bank Berhad	1.542	3.9
RHB Islamic Bank Berhad	1.165	2.9
Alliance Investment Bank Berhad	948	2.4
Amanah Short Deposits Berhad	790	2.0
United Overseas Bank (Malaysia) Berhad	674	1.7
Bank Muamalat Malaysia Berhad	417	1.0
MIDF Amanah Investment Bank Berhad	350	0.9
OCBC Bank (M) Berhad	323	0.8
Hwang-DBS Securities Berhad	250	0.6
Avenue Securities Sdn Bhd	200	0.5
Affin Investment Bank Berhad	190	0.5
OSK Securities Berhad	110	0.3
MIMB Investment Bank Berhad	70	0.2
Affin Bank Berhad	50	0.1

출처 : Rating Agency Malaysia, "Islamic Finance Bulletin. 2006".

또 민간 스쿠크의 발행에 관한 주된 인수인인 리그테이블을 보면
(2006년) CIMB 투자은행(CIMB Investment Bank Berhad)이 점유율
59.2%로 압도적인 강세를 보이고 있다.

04

기타 이슬람 금융시장

이슬람 보험(타카풀)

이슬람 보험(타카풀)은 1979년 수단에서 처음으로 도입된 이후 80년 대에는 말레이시아, 사우디아라비아 등으로 확대되어, 현재는 23개 국에서 80개 보험회사에 가까운 타카풀 사업자가 존재한다. 또 세계 전체의 타카풀 규모는 총 보험료 50억 달러, 총자산 200억 달러로 추 정된다.

보험료 기준으로 세계적인 타카풀 확대(국가 및 지역별 점유율, 2003 년)를 살펴보면 아랍 국가들 63%, 말레이시아 27%, 아시아·태평양 지역 9%, 유럽 및 미국 1%를 기록하고 있다(Asia Insurance Review,

March 2006). 타카풀 시장은 향후 연평균 15~25%의 증가를 기록하여, 2015년에는 총 보험료가 74억 달러에 달할 것이라는 예측도 나와 있다.

타카풀에 관해서도 말레이시아의 적극적인 육성책이 눈에 띈다. 말레이시아에서는 1984년 타카풀법이 제정되면서 최초의 타카풀 사업자인 말레이시아 타카풀(Syarikat Takaful Malaysia Berhad)이 설립되었다. 그 후 약 10년이 경과한 1993년에 두 번째의 타카풀 사업자인 타카풀 내셔널(Takaful Nasional Sdn Berhad)이 설립되었다. 타카풀 육성에 관해서는 스쿠크와 마찬가지로 자본 시장 마스터플랜을 통해 목표를 내걸고 2010년까지 보험 시장에서의 타키풀 점유율 20%를 목표로 삼고 있다.

2006년 2월에는 타카풀 사업자에 대한 외국자본의 참가가 인정되어, HSBC, 푸르덴셜, 도쿄해상 등의 대기업 은행, 보험회사가 연달아 타카풀사로 참가했다. 그 결과 말레이시아의 타카풀 사업자는 현재는 8개 회사에 이르고 있다. 이 중 2003년에 1개, 2005년에 1개, 2006년에는 3개의 회사에서 영업을 개시하였다. 이렇듯 2003년 이후부터 타카풀 시장으로 참가하는 현상이 두드러졌다.

말레이시아의 타카풀 사업자 동향을 살펴보면, 2005년 1월에서 9월에 제너럴 타카풀(손해보험)의 보험료 총액은 4억 3,650만 링깃, 패밀리 타카풀(생명보험)은 8억 2,850만 링깃을 기록했다. 2005년 9월 말의 총자산액은 제너럴 타카풀이 8억 2,650만 링깃, 패밀리 타카풀이 49억 1,790만 링깃으로 패밀리 타카풀의 규모가 압도적인 강세를 보이고 있다.

그러나 보험 시장에서의 타카풀 사업자 점유율을 살펴보면(2006년), 인터넷 보험료 기준으로는 6.7%, 총자산 기준으로는 6.0%에 머물러 마스터플랜의 목표(20%) 달성에는 훨씬 못 미치고 있는 것이 현실이다.

타카풀에 대해 일본계 기업에서는 드물게 도쿄해상 일동 화재보험을 산하에 둔 밀레아 그룹의 적극적인 사업 전개가 눈에 띈다. 이 회사는 2001년에 사우디아라비아에서 타카풀 사무를 개시하여, 주로 석유화학 플랜트와 발전소 등 일본계 기업의 대규모 프로젝트를 위한 손해보험을 제공하고 있다. 2005년 4월에는 현지 은행과 합병하여 타카풀 전용 회사를 설립했는데 누계 계약 건수는 25만 건에 달했다. 2004년에는 싱가포르에 타카풀 재보험회사를 설립했으며, 무슬림 인구가 많은 인도네시아의 현지 법인에 타카풀 부문을 개설했다. 그리고 2006년에는 말레이시아의 중견 금융기관인 홍렁 은행(Hong Leong Bank)과 합병하여 홍렁도쿄마린 타카풀(Hong Leong Tokio Marine Takaful Berhad)을 설립했다. 앞으로 중국(무슬림이 많은 위그르족 거주지구)으로 진출할 계획을 검토하고 있다.

알리안츠, HSBC, 포르티스(Fortis) 등 유럽과 미국의 주요 보험회사 및 금융기관들도 타카풀 사업에 진출하고 있다. 타카풀의 확대를 위해서는 재보험회사에 해당하는 리 타카풀(Re Takaful)의 발전이 필요한데, 아시아 지역에서는 베스트 리(Best Re), 타카풀 리(Takaful Re), 밀레아 아시아(Millea Asia), 아세안 리타카풀 인터내셔널(ASEAN

[표 3-15] **말레이시아의 타카풀 시장 점유율 추이(%)**

	1986	1990	1995	2000	2005	2006
인터넷 보험료	3.8	4.1	5.3	5.4	5.4	6.7
자산	3.7	5.0	5.3	5.6	5.7	6.0

출처 : Bank Negara Malaysia.

[표 3-16] **말레이시아 타카풀 동향(매해 월말)**

	2000	2001	2002	2003	2004	Sep-05
〈패밀리 타카풀〉						
자산잔고(백만 링깃)	1,542.4	2,644.7	3,162.8	3,861.0	4,305.1	4,917.9
자산잔고 전년도 대비 증가율(%)	–	71.5	19.6	22.1	11.5	18.1
〈제너럴 타카풀〉						
자산잔고(백만 링깃)	330.5	374.8	464.1	568.1	723.5	826.5
자산잔고 전년도 대비 증가율(%)	–	13.4	23.8	22.4	27.3	17.4
보험료 전년도 대비 증가율(%)	–	31.6	24.7	21.1	22.2	24.3
해상보험	–	53.3	89.5	66.8	115.3	8.2
화재보험	–	40.8	28.9	11.8	11.4	16.4
자동차보험	–	21.6	11.5	17.8	24.4	36.0
기타	–	27.6	24.7	34.1	0.8	32.3

출처 : Bank Negara Malaysia.

Retakaful International)이 재보험 업무를 제공하고 있다. 또 세계적으로는 뮌헨 리(Munich Re), 스위스 리(Swiss Re), 하노버 리(Hannover Re), 컨베리엄(Converium) 등의 대기업 재보험회사가 리타카풀 업무를 적극적으로 전개하고 있다. 또 아세안 리타카풀 인터내셔날은 1995년에 브루나이, 인도네시아, 말레이시아, 싱가포르 4개국의 타카풀이 아세안 타카풀 그룹(ASEAN Takaful Group, ATG)을 결성하여 ATG에 대한 리타카풀 서비스를 제공할 목적으로 1997년에 말레이시아 라브안 국제 오프쇼어 금융센터에 설립된 것이다.

이슬람 투자펀드

이슬람 투자펀드는 현재 250개 이상의 샤리아 적격 펀드가 있으며, 자산총액은 3,000억 달러에 달하는 것으로 추계된다. 이슬람 투자펀드는 반드시 샤리아 적격 판단을 받아야 한다. 이 때문에 투자자는 펀드 운용을 통해 얻은 수익을 투자액에 따라 받게 되지만, 원금과 수익은 보증되지 않고 투자액에 따라 손실도 부담하게 된다. 펀드 투자 대상 역시 샤리아 적격 판단을 받아야 하고, 주식투자 펀드의 경우에는 투자 기업의 주요 업무가 샤리아를 위반하는 것이어서는 안 된다. 그렇기 때문에 가령 금리 수입을 주된 수익원으로 하는 은행의 주식 등은 투자 대상에서 제외된다.

이슬람 투자펀드는 종교적인 관점에서 투자 대상이 결정되며, 최근에는 일종의 SRI(사회적 책임투자) 펀드라는 인식이 존재한다. 투자 기준이 돼지 등을 제외하면 다른 SRI 펀드와 비교적 유사하기 때문에 SRI 관점에서 이슬람 투자펀드에 투자하는 투자자도 찾아볼 수 있다.

[표 3-17] 말레이시아의 이슬람 투자펀드

	2005년	2006년
〈건수〉		
이슬람 투자펀드(건)	83	100
투자펀드 전체(건)	340	416
이슬람 투자펀드 점유율(%)	24.4	24.0
〈총자산액〉		
이슬람 투자펀드(10억 링깃)	8.5	9.2
투자펀드 전체(10억 링깃)	98.5	121.8
이슬람 투자펀드 점유율(%)	8.6	7.6

출처 : Securities Commission, Malaysia.

이 같은 경우에 투자자는 빈드시 무슬림에 한징되지 않아 비무슬림 투자자에 의한 이슬람 금융 투자의 증가로 이어진다.

투자 대상의 샤리아 적격성은 정기적으로 3개월 또는 반년에 한 번씩 재평가된다. 그 결과 투자 대상에서 제외되는 사태가 발생하기도 하는데, 예를 들어 2000년 여름 마이크로소프트의 주식이 이슬람 투자펀드에서 제외되었다. 그 이유는 이 회사의 수입 9%가 금리로 인한 수입이고 샤리아 적격으로 판정받을 수 있는 일반적 기준인 5%를 초과했기 때문이다.

부동산 투자의 경우에는 상업용 부동산에서는 점포의 업종도 심사 대상이 된다. 샤리아에서 금기하는 업종은 당연히 제외되며 애완동물 가게, 영화관, 악기점, 귀금속점 등이 샤리아에 부적격한 것으로 판정된다. 투자펀드의 부동산 투자의 경우 샤리아 부적격 점포의 비율을 총임대료 수입의 일정액 이하로 낮추어야 하는데 그 기준은 일

[표 3-18] **말레이시아의 이슬람 투자펀드 범주별 내역 (2006년 10월 말)**

출처 : Securities Commission, Malaysia.

반적으로 5% 정도라고 한다. 그러나 실제적인 판단은 샤리아 위원회가 일임하고 있고 국가에 따른 차이도 존재한다.

싱가포르에서는 중동 자금을 받아들이는 곳으로서 샤리아 적격 판단을 받은 부동산 펀드가 연달아 설립되고 있다. 현재 싱가포르에서 운용되고 있는 부동산 펀드의 규모는 약 20억 싱가포르 달러(1조 4,680억 원, 1싱가포르 달러=약 734원)로서 그렇게 커다란 규모는 아니다.

국가별로 살펴보면 가장 많은 이슬람 투자펀드가 설립된 곳은 말레이시아다. 말레이시아의 이슬람 투자펀드는 1995년 7개였지만, 2006년에는 100펀드로 증가했다. 투자 대상별로 살펴보면 주식펀드가 50개로 절반을 차지하고, 균형 펀드가 19개, 스쿠크 펀드가 18개, 기타가 13개이다. 총자산은 총액 부문에서 92억 링깃에 이르지만, 전체 펀드에서 차지하는 이슬람 투자펀드의 점유율은 7.6%에 지나지 않는다. 향후 투자펀드의 증가, 투자자층의 확대에 따라 샤리아 적격 판단의 표준화를 마련하는 것이 과제로 남는다. 이는 특히 중동 국가들로부터 크로스보더의 투자 자금을 획득하고자 할 경우 반드시 필요한 조건이라 할 수 있다.

주식 및 주가지수

주식 투자에서는 출자라는 개념이 이슬람의 교의와 일치하기 때문에 샤리아상의 문제는 없다는 것이 세계적인 이슬람 법학자들의 합의점이다. 단, 투자 대상 기업이 샤리아에 적합해야 한다는 전제조건이 있다. 그리고 이른바 우선 주식에 대한 투자에 대해서는 일반적으로 사전에 우선 배당률이 정해져 있기 때문에 샤리아 부적격 판정이 내려져 있다.

샤리아에 적격인 주식이 어느 정도 존재하는지 말레이시아 거래소(Bursa Malaysia)를 예로 들면 2006년에 종목 수의 68.1%, 시가 총액 64.6%가 샤리아 적격으로 판정 받았다.

주식투자를 할 때 투자가에게 벤치마크를 제공하기 위해 최근에는 이슬람 주가지수의 설정이 연이어 실시되고 있다. 이슬람 주가지수에는 일반 주가지수와 마찬가지로 대상 기업이 세계적인 기업이나 해당 증권거래소의 상장 기업에 한하는 등 다양하다. 글로벌 인덱스

[표 3-19] **말레이시아 거래소 상장 샤리아 적격 주식**

	2005년	2006년
〈종목수〉		
샤리아 적격 종목수	857	886
상장 종목 총수	1,011	1,029
샤리아 적격 종목 점유율(%)	84.8	86.1
〈시가 총액〉		
샤리아 적격 종목(10억 링깃)	440	548.4
상장 종목 총액(10억 링깃)	699	848.7
샤리아 적격 종목 점유율(%)	62.9	64.6

출처 : Securities Commission Malaysia, 〈malaysia ICM, March 2007〉.

는 투자 행동 글로벌화를 촉진할 것으로 기대를 모으고 있다.

주된 이슬람 주가지수 및 최근에 설정된 이슬람 주가지수는 다음과 같다.

- Dow Jones Islamic Index

전 세계 종목을 대상으로 하며, 전체지수 외에 국가 및 지역별, 업종별, 규모별 분류에 따른 지수를 제공하고 있다.

- FTSE Global Islamic Index

비교적 대규모의 각국 기업 주식을 채용하고 있다. 달러, 유로, 엔, 영국 파운드 기준으로 지수를 제공하고 있다.

- Dow Jones-RHB Islamic Malaysia Index

말레이시아의 대기업 금융 그룹인 RHB가 다우존스와 공동으로 개발한 지수이며, 말레이시아 거래소 상장의 45종목을 대상으로 한다.

- FTSE SGX Sharia Index

싱가포르 거래소가 FISE사와 공동으로 개발한 최초의 범아시아 이슬람 주가지수이며, 2006년 2월부터 'FTSE SGX Asia Shariah 100'이 제공되기 시작했다. 중동 투자가들이 아시아 주식 투자를 의식한 것이다.

- Dow Jones DFM Index

다우존스에 의한 것으로 2007년 4월에 'Dow Jones DFM Index' 및 'Dow Jones DFM Titan 10 Index'가 발표되었다. 두 지수 모두 달러 및 UAE 디르함(dirham) 기준으로 계산되어 3개월마다 재조정되고 있다.

- S & GCC Shariah 시리즈

GCC 국가들의 대형 주식 및 유동성이 높은 주식을 결합한 지수로 GCC 통합, 각국별로 8종류의 지수가 2007년 4월에 도입되었다. 이 8종류는 'S&P Saudi Shariah, S&P Bahrain Shariah', 'S&P Kuwait Shariah', 'S&P Oman Shariah', 'S&P Qatar Shariah',

‘S&P United Arab Emirates Shariah’, ‘S&P GCC Composite Shariah’ 이다.

또 S&P사는 이 외에 S&P 500, S&P Europe 350, S&P Japan 500, S&P BRIC Shariah Index 등 지역별로 다양한 이슬람 주식지수를 제공하고 있다. 또 S&P사의 이슬람 주가지수는 해당지수가 샤리아에 적격인지 어떤지를 하루 기준으로 모니터하고 있다.

어떤 주식을 이슬람 주가지수 산출 종목으로 할 것인지는 샤리아의 관점에서 결정되어야 한다. ‘Dow Jones Islamic Index’ 에서 채용하는 조건은 다음과 같다. 이와 거의 동일한 조건이 ‘FISE Global Islamic Index’ 에서도 채용된다.

① 자산부채비율이 33% 이상인 기업을 제외한다.
② 수익에 있어서 영업 외 금리 수입의 비율이 5% 이상인 기업을 제외한다.
③ 총자산에 대한 외상 대금의 비율이 45% 이상인 기업을 제외한다.

①의 조건은 “부의 어느 정도를 희사하면 되는가?” 하는 질문에 대해 예언자는 “3분의 1, 3분의 1로 충분하다.”고 대답했다는 〈하디스집〉에서 유래한 것이다. ②의 조건에는 특별한 유래가 없지만 5% 미만이라면 무시할 수 있을 정도라고 해석되기 때문이다. 또 ③의 조건

에 관해서는 기업자산의 절반 이상이 비유동적인 것이라면 총자산의 절반 이상이 그 성질을 이어받는 것이라 간주되어, 활용하지 않는 부의 저장을 금하는 이슬람의 교리에 위배된다고 해석되기 때문이다.

기타 금융 거래

이슬람 금융 거래에서는 국가에 따라 샤리아 적격 판단에 차이가 있다는 것은 지금까지 지적했던 대로다. 이 때문에 국가에 따라서는 샤리아 적격으로 인정되지 않는 금융 거래도 많다. 특히 생산금융 분야의 투자에 관한 거래는 아직 시작 단계로 앞으로 개발(방식과 해석의 전개)이 모색되는 단계다. 따라서 거래는 존재하지만 소량이라서 시장으로 형성되지 못하고 있는 상태다.

2007년 5월 이슬람 금융 서비스 위원회(IFBS)와 이슬람 조사교육기관(IRTI)에 의해 발표된 공동 보고서("Islamic Financial Services Industry Development, Ten-year Framework and Strategies")를 살펴보면 이슬람 금융기관에서 인정하는 자본 시장 관련의 금융 거래를 알 수 있다. 〔표 3-20〕을 참조하기 바란다.

이 표를 보면 창고증권, 전환채, 스왑 거래는 불가능하다고 되어 있지만, 샤리아 해석이 유연한 말레이시아에서는 창고증권, 전환채, 통화 스왑(금리 스왑은 불가)가 제공되고 있다. 특히 채권, 주식에서 어떠한 상품 제공이 되는지 국가별로 살펴보면 공동 보고서에서는

[표 3-20] **이슬람 금융기관에 의한 자본시장 상품의 제공 가능성**

금융 상품 종류	제공 가능성	비고
주식	O	
우선주식	△	
창고증권(warrant)	×	
구조채(structured bonds)	×	
어음	O	이면서류는 불가능
커머셜 페이퍼	O	이면서류는 불가능
채권(고정수익 지급)	△	
채권(변동수익 지급)	△	
지수링크채	×	
전환채	×	
스왑(swap)	×	
옵션	△	개발중
상품선물	×	
금융선물	×	

주 : △는 국가 등에 의해 제공 가부가 서로 다른 것.

출처 : RTI & IFSB, "Islamic Financial Services Industry Development, Ten-year Framework and Strategies".

다음의 〔표 3-21〕과 같이 소개하고 있다.

이슬람 금융 거래 중에서도 특히 최근에 수요가 고조되고 있는 것은 리스크 헤지(risk hedge) 목적의 파생상품 거래다. 금융 거래가 증가하고 금융시장이 확대하면서 리스크 헤지 수단의 필요성도 높아지고 있다. 그러나 헤지 거래 자체가 인공적인 거래인데다 이슬람 정신에 위배된다고 판단하는 이슬람 법학자들이 존재하는가 하면, 현실적인 비즈니스 활동 필요성에 따라 투기적인 거래가 아닌 순수한 헤지 거래는 인정해야 한다고 판단하는 이슬람 법학자들도 있기 때문

[표 3-21] **주요국의 이슬람 자본시장 상품의 종류**

바레인	말레이시아	파키스탄	수단	사우디아라비아
보통주식	보통주식	보통주식	보통주식	보통주식
우선주식	우선주식	우선주식		
	창고증권	창고증권		
	선물	개별주식선물		
	주가지수 선물			
Ijarah Sukuk	Ijarah Sukuk	Ijarah Sukuk		Ijarah Sukuk
Salam/Istisna'Sukuk	Salam/Istisna'Sukuk		Salam/Istisna'Sukuk	
투자신탁	투자신탁	투자신탁		투자신탁

출처 : IRTI & IFSB, 〈Islamic Financial Services Industry Development, Ten-year Framework and Strategies〉

에 헤지 거래에 관해서는 일정하게 정해진 해석은 없다.

이런 가운데 국제 스왑 파생상품 협회(International Swaps and Derivatives Association, ISDA)와 국제 이슬람 금융시장(IIFM)은 공동으로 2006년 10월부터 국제적인 이슬람 파생상품 거래를 위한 표준계약서류 개발에 착수했다. 개발 방향으로는 ISDA의 표준계약서를 바탕으로 샤리아에 적격하도록 만드는 것으로서, IIFM의 샤리아 어드바이저의 판단에 따라 추진되고 있다.

제 4 장

이슬람 금융을 담당하는 이슬람 은행

이슬람 금융에 관한 국제기관

이 장에서는 이슬람 금융을 담당하고 있는 이슬람 은행을 소개하고자 한다. 그에 앞서 이슬람 금융의 국제기관에 대해 정리하고 넘어가자. 이슬람 금융이 확대되기 위해서는 이슬람 금융에 관한 샤리아 해석, 필요로 하는 계약 서류, 금융 감독 및 리스크 관리와 같은 금융 인프라 전반에 걸친 국제적인 표준화 작업이 중요한 과제로 떠오른다. 이를 실현하기 위해서는 이슬람 금융의 국제기관이 커다란 역할을 담당하게 된다.

이슬람 금융의 국제기관은 다음에서 소개하는 것처럼 1991년에 AAOIFI가 설립된 것을 제외하고 대부분이 2000년대에 들어서 설립되었고 그 대부분은 바레인에 있다. 최근 이슬람 금융에 관한 인재 육성이 중요한 과제로 떠오르면서 말레이시아에서도 INCEIF가 설립되었다. 다음은 각 국제기관의 개요에 관한 간략한 소개다.

▪이슬람 국제기관 회계감사기구(Accounting and Auditing Organization for Islamic Financial Institutions, AAOIFI)

1991년 바레인에 설립. 이슬람 금융에 관한 회계 및 감사 기준의 제정 등을 담당한다. 그러나 AAOIFI가 제정한 회계 기준이 모든 이슬람 금융기관에서 반드시 준수하도록 국제적으로 의무화되어 있지는 않다.

▪이슬람 은행 및 금융기관 총평의회(General Council for Islamic Banks and Financial Institutions, CIBAFI)

2001년 바레인에 설립. 이슬람 금융기관들 사이의 협조를 촉진하고, 개념과 규칙을 발전시켜 나가며, 이슬람 금융에 관한 정보를 공유하고, 금융 당국과의 상호 이해 촉진을 담당한다.

▪국제 이슬람 금융시장(International Islamic Financial Market, IIFM)

2001년 바레인에 설립. 이슬람 금융 상품의 제공과 관련된 샤리아 해석과 가이드라인의 발전 및 유통 시장의 거래 촉진을 담당한다.

▪이슬람 금융 서비스 위원회(Islamic Financial Services Board, IFSB)

2002년 말레이시아에 설립. 이슬람 금융 거래에 있어서 필요한 국제적 기준 및 지배구조와 같은 국제적인 협조를 담당한다. 이슬람 금융 육성에 관한 주도적 역할을 하고 있으며, 각국의 중앙은행 및 금융 당국, 국제기관과 주요 이슬람 금융기관이 회원으로 참가하고 있다. 2007년 5월 말 기준으로 회원이 10개사, 준회원은 15개사, 옵저버는 90개사에 달하고 있다. 국제기관으로는 국제통화기금(IMF), 세계은행, 국제결제은행(BIS), 아시아개발은행(ADB)이 준회원으로 등록되어 있다. 비이슬람권 국가들도 참여하고 있으며, 싱가포르 통화청(Monetary Authority of Singapore)이 회원으로, 중국 인민은행과 필리핀 중앙은행이 준회원으로, 홍콩 통화청이 옵저버로 있다. 일본에서는 국제협력은행, 미즈호 기업은행, 말레이시아 도쿄미츠비시 은행이 옵저버 회원이다.

IFSB는 IMF 등의 기술 지원을 받아 은행, 증권, 보험 각 분야의 작업 부회를 설치하여 이슬람 금융 서비스 기준의 국제적인 가이드라인을 작성하고 있다.

■ **유동성 관리센터(Liquidity Management Center, LMC)**

2002년 바레인에 설립. 은행 간 자금시장의 발전, 샤리아에 적합한 단기투자 기회 제공, 이슬람 유통 시장의 마켓메이커(시장조성자) 육성을 담당하고 있다.

■ **국제 이슬람 등급 평가 기관(International Islamic Rating Agency, IIRA)**

2002년 바레인에 설립. 이슬람 금융기관 및 이슬람 금융 상품에 관한 등급을 평가한다.

■ **국제 이슬람 조정 센터(International Islamic Center for Reconciliation and Commercial Arbitration, IICRCA)**

2004년 아랍에미리트연방의 두바이에 설립. 이슬람 금융기관 사이, 이슬람 금융기관과 제삼자 사이의 금융 및 상업상의 분쟁에 대한 중재와 조정을 담당한다.

■ **이슬람 금융 교육 국제센터(International Center for Education in Islamic Finance, INCEIF)**

2006년 말레이시아에 설립. 이슬람 금융 실무자 및 전문가 육성을 담당한다. 이슬람 금융에 관한 교육기관으로는 INCEIF 외에도 1981년 사우디아라비아에 설립된 이슬람 조사교육기관(IRTI)이 있다. IRTI는 이슬람 개발은행(Islamic Development Bank, IDB)의 그룹 기관으로서 설립되어 이슬람 경제 및 금융에 관한 조사와 연구자 육성을 담당하고 있다. 이와 달리 INCEIF는 이슬람 금융의 실무자 육성을 목표로 이슬람 금융의 확대와 더불어 부족하게 된 샤리아 위원회 구성에 필요한 이슬람 법학자의 확충을 위해 설치된 것이다. 이슬람 금융의 샤리아 위원회를 구성할 수 있는 이슬람 법학자들은 세계적으로 70~80명 정도라고 한다. 때문에 법학자 한 사람이 여러 이슬람 금융기관의 샤리아 위원회의 위원을 겸임하고 있는 상황이다.

INCEIF에는 현재 세계 40개국 이상에서 모인 600명 이상의 등록자(학생)가 있다. INCEIF의 주된 프로그램은 '인정 이슬람 금융 전문가' 라 불리는 일종의 전문가 자격을 부여하는 것이다. 싱가포르의 이슬람 법학자 단체인 PERGAS가 적격자 증명서를 발행하는 시스템을 시작한 정도로, 이슬람 금융에서 이와 같은 인정을 부여하는 기관은 거의 존재하지 않는다.

02

이슬람 은행

이슬람 은행의 형태

이슬람 은행과 일반 은행과의 차이점을 대략적으로 살펴보면, 일반 은행의 경우 은행과 고객(예금자 및 대출처)의 관계는 채권자와 채무자의 관계인 데 비해 이슬람 은행의 경우에는 투자자와 기업가, 혹은 매수자와 매입자의 관계다. 또 이슬람 은행의 경우, 앞서 말한 것처럼 은행 안에 샤리아 위원회를 설치할 필요가 있어 일반 은행과 비교했을 때 감독해야 할 항목이 많아 관리 비용이 더 필요하다.

이슬람 은행의 설립 및 운영 형태는 크게 다음 세 가지로 분류된다.

■ 이슬람 은행 단일 시스템(Single Islamic Banking System)

이슬람 은행 이외의 은행은 인정하지 않고, 국내 모든 은행이 이슬람 은행인 시스템이다. 이란과 수단이 이 형태에 속한다.

■ 일반 은행 및 이슬람 은행 공존 시스템(Dual Banking System)

일반 은행과 이슬람 은행의 공존을 인정하는 시스템이다. 대다수의 나라에서 채용하고 있는 시스템이다.

■ 이슬람 윈도우 시스템(Islamic Window System)

일반 은행에 이슬람 금융 서비스를 제공하는 부문을 마련하여 이슬람 금융을 제공하는 시스템이다.

이슬람 (전용) 은행과 이슬람 윈도우가 모두 인정될 경우에는 선택은 각 은행에 맡겨진다. 이슬람 은행을 설립할 경우에는 먼저 샤리아 위원회를 설치하고, 그 외의 관리 부문에서도 마땅한 체제를 정비해야 한다. 이와 달리 이슬람 윈도우를 선택할 경우, 일반 은행 부문과 관리 부문을 공유할 수 있으며, 또 외부의 샤리아 위원회를 고용하는 조치를 취할 수도 있다. 단, 같은 조직 안에서 이슬람 금융과 일반 금융을 모두 취급할 경우에는 둘이 섞이지 않도록 계산 등을 완전히 분리하는 방화벽을 확보할 필요가 있다.

이슬람 은행 단일 시스템의 곤란과 공존 시스템의 현실성

많은 이슬람 국가들이 존재하지만 이슬람 은행 단일 시스템을 채용하는 나라는 극히 소수에 지나지 않는다. 이는 이슬람 금융의 역사가 길지 않고, 이전에는 이슬람 국가에서도 일반적인 이자 수수 금융이 실시되었다는 역사적 경위 때문이다. 금융 시스템 전체를 이슬람 금융으로 완전히 전환하는 일은 사실상 곤란한 상황이다.

현재 중동 지역 이슬람 금융의 중심 시장은 바레인과 두바이다. GCC 국가들 중에서도 최대 자산을 보유하고 있으며 엄격한 이슬람 국가를 표방하는 사우디아라비아가 왜 이슬람 금융의 중심 시장으로 성장하지 못했을까?

그 이유는 현재에도 이슬람 은행 단일 시스템을 채용하고 있으나 그 때문에 은행의 역할까지 변질되어 버렸다고 평가되는 이란, 이슬람 은행 단일 시스템을 채용했으나 결국 일반 은행과 공존하는 시스템으로 복귀해야 했던 파키스탄, 그리고 종교적·정치적 이유로 이슬람 은행의 존재를 인정할 수 없었던 사우디아라비아의 역사를 살펴보면 훨씬 명확해질 것이다.

① 이란

이란과 나중에 언급할 파키스탄은 그들이 안고 있는 경제적 문제를 해결하는 방법은 곧 이슬람 경제 시스템 구축에 있다고 확신하고 있었다. 이란은 1979년 이슬람 혁명 시기에 경제·사회적 시스템에 대한 전면적 개혁을 실시했다. 당시 경제 전체가 붕괴 위기에 있었고, 은행은 예금 인출 소동에 직면해 있었다. 은행에 대한 신뢰도는 땅에 떨어졌고 폐쇄 혹은 도산의 위협에 노출되어 있었다.

그래서 정부는 1979년 6월 은행의 국유화를 결정하고, 국내의 34개 은행을 상업은행 6개와 특별은행 3개로 재편하는 수단을 감행했고, 수출은행이던 사데라트 은행(Bank Saderat) 지점을 지방은행 22개로 전환했다. 또한 무이자 이슬람 금융을 개시하기 위해 모든 자산에 대한 이자를 최고 4%의 서비스료와 최저 4~8%의 수익 분배율로 전환했다. 그러나 이것이 은행 시스템의 근본적인 전환이 되지는 못했다. 그래서 이슬람 금융에 적합한 은행 업무를 위해 1984년 무이자 은행법(Law for Usury-Free Banking)을 실시했다. 이 같은 일련의 과정에서 외국은행은 모두 폐쇄되었다.

당초 이란 국민들은 이슬람 은행에 예금하기를 주저했지만, 예금은 점차 증가해 갔다. 그러나 대출에서는 단기가 중심을 이루며 중장기 대출의 비율은 극히 낮은 수준에 머물렀다. 또한 예금자의 대부분이 저소득이나 중간소득 계층이었던 것에 비해 은행 대출의 수혜를 받은 대상은 고소득층이었다. 이것은 경제적·사회적 공정성을 중요시하는 이슬람 교리와 괴리되는 일이었다(이 점은 파키스탄에서도 마찬가지였다).

그래서 정부는 은행의 모든 활동을 정부의 경제정책에 맞추도록 강요했다. 다시 말해 정부는 저소득층을 위한 금융과 저금리 주택 대출 제공과 같은 업무 운영을 은행에 요구했다. 이로 인해 은행은 정부의 산하 기관과 같은 위치로 전락하여, 민간 부문의 효율적인 자금 중개 기능 제공이라는 민간 은행의 본질적인 역할로부터 멀어지고 말았다.

② 파키스탄

파키스탄에서는 1973년 은행의 국유화가 실시되었고, 1977년 쿠데타로 정권을 잡은 지아 울 하크(Mohammad Ziaul Hag, 1924~1988) 정권은 1979년에 은행의 이슬람화를 실시했다. 그러나 파키스탄은 이란과 달리 보다 단계적으로 이슬람 은행화을 추진해 나갔다. 1979년부터 1980년에 걸쳐 몇몇 특별 은행과 투자 회사가 PLS(Profit and Loss Sharing) 모델이라 불리는 이슬람 은행 방식으로 업무를 전환했다. 이어서 1981년 1월에는 모든 국유 은행(5개)과 66개 지점에서도 PLS 취급이 개시되었다. 이후 이슬람 은행화가 완료된 것은 1985년 중반에 이르러서였다. 또한 파키스탄에서는 이란과 다르게 외국 은행들도 이슬람 은행으로 전환할 수 있었다.

물론 파키스탄에서도 이란과 마찬가지로 은행 대출의 단기화 및 소득 계층에 따른 격차 확대가 진행되었다. 단, 파키스탄에서는 이란과 달리 국민들로부터 자금을 조달하는 데 있어 정부가 은행과 경쟁하는 입장에 있었다. 더욱이 이슬람 은행의 탈세 행위와 같은 비리가 나타나면서 파키스탄 국민들은 이슬람 은행에 소극적인 입장으로 돌아섰고 결국 금융 전반에 걸친 이슬람화는 실패에 그쳤다. 현재 파키스탄은 이슬람 금융과 일반 금융이 공존하지만 일반 금융이 주류를

[표 4-1] **파키스탄 이슬람 은행**

(단위 : 10억 파키스탄 루피)

	2003년 말	2004년 말	2005년 말	2006년 말
총자산	13	44	72	118
이슬람 은행 점유율(%)	(0.5)	(1.4)	(2.1)	(2.9)
예금	8	30	50	83
이슬람 은행 점유율(%)	(0.4)	(1.2)	(1.9)	(2.8)
대출	10	30	48	72
이슬람 은행 점유율(%)	(0.5)	(1.3)	(1.8)	(2.4)
이슬람 전용 은행 수(개)	1	2	2	6
이슬람 윈도우 은행 수(개)	3	7	9	12
지점 수(지점)	17	48	70	150

출처 : State Bank of Pakistan, 〈Islamic Banking Bulletin, February 2007〉.

이루고 있는 상황이다.

현재 파키스탄에서는 제도적으로 이슬람 전용 은행, 일반 상업은행의 이슬람 은행, 이슬람 윈도우라는 세 가지 형태가 인정되고 있으며, 이슬람 은행이 6개, 이슬람 윈도우가 10개 존재한다. 이슬람 금융의 점유율은 상승 추세에 있다고 하지만, 총자산 점유율과 예금 점유율에서 3% 초반이라는 저조한 수준에 머물러 있다. 그러나 정부는 앞으로 이슬람 금융을 더욱 육성할 방침을 정하고, 향후 5년 안에 이슬람 금융 점유율을 은행 시스템에서 15%, 최소한 10%까지 상승시키려는 목표를 내걸고 있다. 정부는 무슬림 인구 비율이 높은 파키스탄에서 지금까지 금융 시스템에 참여할 수 없었던 국민들까지 이슬람 금융을 이용할 수 있는 길이 열렸다고 보고 목표 달성을 낙관적으로 내다보고 있다. 특히 이슬람 금융을 통해 빈곤층과 여성들이 보다 용이하게 금융 시스템에 접근할 수 있을 것으로 기대된다.

③ 사우디아라비아

사우디아라비아에서 모든 은행은 은행법에 근거한 인증 면허를 받고 있으며 별도의 이슬람 은행법은 존재하지 않는다. 현재 사우디아라비아에는 이슬람 전용 은행이 두 개 존재하는데 모두 은행법에 근거한 일반 은행으로서 인증 면허를 취득했다. 엄격한 이슬람 국가인 사우디아라비아에서 제도적으로 이슬람 은행이 존재하지 않는 것은 이 같은 경위 때문이다.

사우디아라비아에서는 1928년 이후 유럽 및 미국 은행들이 연이어 진출하면서 금융 시스템을 형성해 왔다. 이러한 연유로 사우디아라비아 금융 시스템은 일반 은행을 기준으로 이루어졌다. 1975년 이후 정부에 의해 은행 자본의 사우디아라비아화를 추진했지만 금융 시스템의 변경으로까지는 다다르지 못했다. 이슬람 국가로서 이자가 붙는 금융이 표면적으로 인정될 수 없었기 때문에 은행에서는 이자를 수수료와 같은 호칭으로 변경하여 사실상 일반 금융이 지속되어 왔다.

1980년대에는 이슬람 은행이 설립되려는 움직임이 있었지만 이슬람 은행의 신설을 인정하게 되면 기존 은행들이 비이슬람이라는 것을 인정하는 결과를 낳아 종교계의 비판이 거세어져 금융 시스템 자체가 동요할 수 있다는 우려가 생겨났다. 이 때문에 1988년에 설립이 인정되었던 사우디아라비아 최초의 이슬람 은행이었던 알라지 은행(Al-Rajhi Bank)도 결국 일반 은행으로서 승인한 다음 사실상 이슬람 은행 업무를 운영하는 것을 용인하는 방책을 취했다.

사우디아라비아 자본으로 탄생한 이슬람 금융 그룹인 DIM 그룹, 알 바라카 그룹도 사우디아라비아에서 이슬람 은행으로서 설립을 인정받지 못했기 때문에 DIM은 스위스를, 알 바라카는 바레인을 거점으로 삼았다.

현재는 국내 최대의 상업은행인 사우디 상업은행(National Commercial Bank)도 전 지점에서 이슬람 금융을 취급하는 등 일반 은행 시스템 안에서 이슬람 금융이 제공되고 있다. 최근에는 유럽 및 미국 주요 은행들의 사우디아라비아 진출이 증가하고 있다. 2003년에 제정된 자본시장법은 사우디아라비아 은행들에게 상업은행과 투자은행을 분리하여 별개의 기업체로 만들 것을 요구했다. 이로써 외국 은행들의 투자은행 업무에 대한 참여를 촉진하여 모건스탠리, 도이치뱅크, BNP파리바, HSBC, 비어스턴, 메릴린치 등과 같은 유럽 및 미국의 주요 은행들이 사우디아라비아에서 투자은행 업무 허가를 얻었다. 이들 투자은행은 기업 매수와 관련된 어드바이스 업무, 구제 금융, 부유층을 위한 자산 운영 업무 등을 실시하고 있다. 또한 이슬람 금융을 미래 성장 분야로 인식하고 적극적으로 개입할 방침을 표명하고 있어, 지금까지 존재감이 빈약하던 사우디아라비아의 프로젝트 파이낸싱과 스쿠크 발행 등 투자은행 분야에서의 이슬람 금융 확대도 기대할 수 있는 상황으로 변했다.

이들 3국의 사례에서 보듯이 기존의 금융 시스템을 이슬람 금융으로 전환하는 것은 금융뿐만 아니라 정치적·종교적 요인과도 연관되어 있어 용이한 일이 아니다. 이런 연유로 이슬람 국가에서도 이슬람 금융은 일반 금융의 한 수단으로서 일반 은행과 이슬람 은행이 공존하는 형태가 보다 현실적이다.

이슬람 은행의 현황

현재 세계에는 75개국에 267개의 이슬람 은행이 존재한다. 3장에서 GCC 국가들, 말레이시아를 통해 알 수 있었듯 이슬람 은행의 총 자산 증가율은 일반 은행에 비해 높은 편이고, 은행 부문의 예금과 대출 점유율 역시 지속적으로 상승하는 것이 세계적인 추세이다. 그와 더불어 이슬람 금융으로 새롭게 참가하려는 금융기관도 증가하고 있다. 2000년 이후 GCC 국가들만 살펴보아도 사우디아라비아와 아랍에미리트연방에서 각각 하나씩, 바레인에서는 11개(상업은행 4개, 오프쇼어 은행 1개, 투자은행 6개)나 되는 이슬람 전용 은행이 설립되었다. 카타르에서는 카타르 은행(Qatar National Bank), 상업은행(Commercial Bank), 도하 은행(Doha Bank)과 같은 대기업 은행들이 이슬람 윈도우를 개설하였고, 아랍에미리트연방에서는 마쉬레크 은행(Mashreqbank), RAK 은행(RAK Bank), 유니온 내셔널 은행(Union National Bank), 국제 상업은행(Commercial Bank International) 등이 이슬람 금융 부문 개설을 실시하거나 발표했다.

[표 4-2] **2000년 이후에 설립된 GCC 국가들의 이슬람 은행**

은행명	설립 연도	종류
〈사우디아라비아〉		
Bank Albilad	2004	상업은행
〈아랍에미리트연방〉		
Emirates Islamic Bank	2004	상업은행
〈바레인〉		
Al-Amin Bank	2001	투자은행
AL Aaraka Islamic Commercial Bank	2001	상업은행
International Investment Bank	2001	투자은행
Kuwait Finance House(Bahrain)	2001	상업은행
Kuwait Turkish Participation Bank	2002	오프쇼어 은행
Khaleeji Commercial Bank	2003	상업은행
Unicorn Investment Bank	2004	투자은행
AL Salam Bank Bahrain	2005	상업은행
Venture Capital Bank	2005	투자은행
United International Bank	2006	투자은행
〈쿠웨이트〉		
Boubyan Bank	2004	상업은행

출처 : 각국 중앙은행.

이슬람 은행은 윈도우 형태를 포함하여 지점을 증설하고 네트워크 확대를 서두르고 있는데, 더 나아가 최근에는 국경을 초월한 업무 전개가 진전을 보이고 있다. 사우디아라비아의 알라지 은행(Al Rajhi Bank), 쿠웨이트의 KFH(Kuwait Finance House), 카타르의 카타르 이슬람 은행(Qatar Islamic Bank)은 말레이시아에 이슬람 은행을 개설하고, KFH는 인도네시아에서 은행을 매수할 계획도 세우고 있다. 아랍에미리트연방의 두바이 이슬람 은행(Dubai Islamic Bank)는 파키스탄에서 업무를 개시했고, 바레인의 알바라카 금융그룹(Albaraka Banking Group)는 2007년 안에 인도네시아, 말레이시아, 인도에서 50개 이상의 지점을 개설할 계획이다.

또, 이슬람 은행을 포함한 이슬람 금융을 취급하는 금융기관은 이슬람 국가들에만 존재하는 것이 아니고 비이슬람 국가들에도 많은 이슬람 금융기관이 존재한다. 런던의 이슬람 은행 및 보험 연구소(Institute of Islamic Banking and Insurance)의 리스트에 따르면 호주에 2개, 캐나다에 1개, 덴마크에 1개, 프랑스에 4개, 독일에 3개, 인도에 3개, 이탈리아에 1개, 룩셈부르크에 4개, 러시아에 1개, 남아프리카에 1개, 스위스에 5개, 영국에 22개(이슬람 윈도우 12개), 아일랜드 4개, 미국 20개의 이슬람 금융기관이 있다.

이슬람 은행의 특징 중 하나로 일반적으로 은행 규모가 작다는 것을 들 수 있다. 세계 이슬람 은행의 약 4분의 1은 납입자본금 2,500만 달러 미만의 소규모 은행으로 분류된다. 이 때문에 경영 기반이 약한 중소 이슬람 금융기관을 지원하여 이슬람 금융 전체의 신뢰도를 높이고 GCC 국가들의 인프라 프로젝트 증가 및 대형화에 대응하기 위해 이슬람 금융에 대한 자금 수요가 높아지고 있으며, 그와 같은 대규모의 자금 수요에도 대응할 수 있도록 대규모 이슬람 은행(메가 이슬람 은행)을 설립하려는 움직임도 나타나고 있다.

이러한 움직임 가운데 이슬람 상공회의소(Islamic Chamber of Commerce & Industries, ICC)가 주도적이 되어 국제 이슬람 투자은행을 설립할 계획을 세우고 있다. 이 새로운 은행은 아마르 인터내셔널 은행(Eamar International Bank)라는 이름이 붙여져 자본금 10억 달러를 바탕으로 2008년에 오픈할 예정에 있다. 이 은행은 이슬람국가 회의기구(OIC) 57개국의 경제 발전을 위한 프로젝트 투자를 주된 업무로 설정하고 최초 투자액을 100억 달러로 계획하고 있다. 그리고 이 은행의 본점은 사우디아라비아, 아랍에미리트연방, 바레인, 말레이시아 중의 한 곳에 설립될 예정이다.

또 바레인에서는 자본금 1,000억 달러로 세계 최대의 이슬람 은행 설립이 추진되고 있다. 이 은행의 설립은 이슬람 은행 및 금융기관 총평의회(CIBAFI)의 제안에 의한 것으로, OIC 국가들에게 폭넓은 출자를 요구하고 있다. 자본금 10억 딜러로 시작하여 5~7년 동인 자본금을 1,000억 달러로 증액할 목표를 내걸고 있다.

이슬람 은행의 더 큰 특징으로는 특히 GCC 국가들의 이슬람 은행 수익률이 높다는 점이 지적된다. 신용평가기관인 피치(Fitch Ratings)는 이슬람 은행의 수익성에 대해 다음과 같은 세 가지 요인을 제시하고 있다. (Fitch Ratings, <Islamic Banking-factors in risk assessment>, March 2007)

- 대부분의 이슬람 은행은 산유국을 바탕으로 하고 있으며 높은 원유 가격의 혜택으로 경제성장률이 높고, 소비자 및 사업자의 정서도 양호하다.
- 일부는 가격 불투명성으로 인해, 혹은 지금까지의 제한적인 경쟁 때문에 이슬람 금융 상품의 마진율이 높아지는 경향이다.

▪ 이슬람 은행의 대부분의 자금은 무이자 예금 고객들로부터 조달
되어 그에 따른 비용이 낮으며, 자산수익률 저하에 따른 수익 변
동성의 위험이 있음에도 이슬람 은행의 네트워크 수익을 증가시
키고 있다.

피치는 이슬람 은행이 누리고 있는 높은 수익률은 장차 축소된다
하더라도 이슬람 금융 상품에 대한 지속적인 수요의 증가는 이를 경
감시킬 것으로 내다보고 있다.

주요국들의 이슬람 은행

이슬람 금융의 중심 시장인 중동의 바레인, 두바이, 아시아의 말레
이시아를 예로 들어 각국별 이슬람 은행의 동향, 이슬람 금융의 육성
방침을 보다 상세하게 살펴보자. 또 이슬람 금융의 전개는 뒤처져 있
지만, 세계 최대의 이슬람 인구를 안고 있는 인도네시아의 이슬람 금
융의 현황과 육성 방침에 대해서도 살펴보자.

① 바레인
1975년 4월에 당시 중동 최대의 금융센터였던 베이루트가 내전으
로 인해 기능이 약해지자 금융센터 기능을 이어 가기 위해 오프쇼어
시장이 바레인에 창설되었다. 그리고 1979년에는 바레인에서 최초

의 이슬람 은행인 바레인 이슬람 은행(Bahrain Islamic Bank)이 설립되었다. 그리고 80년대 들어서부터는 오프쇼어 시장을 포함한 많은 이슬람 은행들이 창설되었다.

국내 오프쇼어를 포함하여 은행들은 모두 바레인 중앙은행(CBB, Center Bank of Bahrain)의 감시하에 있다. 은행은 업무의 자격에 따라 소비금융 은행과 생산금융 은행으로 구분되는데 이 둘을 합한 이슬람 은행(이슬람 윈도우를 포함)은 27개가 있다. 바레인은 일반 은행 및 이슬람 은행이 공존하는 시스템을 채용하고 있고 이슬람 은행과 이슬람 윈도우가 혼재하는 상황이다.

바레인의 이슬림 은행 활동의 하나로 국제적 금융기관이 바레인에 진출하여 중동 지역의 업무를 총괄하는 사례도 많다. 최근에는 스코틀랜드 왕립 은행(Royal Bank of Scotland)이 같은 은행 그룹의 프라이빗뱅킹 업무 자회사인 코우츠(Coutts & Co)를 포함하여 바레인으로 진출했다. 바레인의 거점은 중동과 북아프리카 지역(Middle East and North Africa, MENA)의 생산금융 및 프라이빗뱅킹 업무를 목표로 삼으면서 나아가 RBS 그룹의 이슬람 금융 서비스(프로젝트 파이낸싱 등) 지원도 담당하게 되었다.

바레인 이슬람 은행 전체의 자산 및 부채 동향을 살펴보면 대외자산, 대외채무의 증가가 특히 눈에 두드러진다. 이는 바레인의 이슬람 은행이 자국뿐만 아니라 대외적인 활동을 강화하고 있기 때문이다. 또 대출에서 이슬람 은행의 점유율을 살펴보면 기업을 위한 대출은 이슬람 은행의 점유율이 32%(일반 은행 68%)인 것에 비해 개인을 위

[표 4-3] **바레인의 이슬람 은행 전체의 자산 및 채무 동향**

(단위 : 백만 달러)

	2002	2003	2004	2005	2006
〈자산〉					
현금	7.2	10.1	12.6	14.8	21.2
대 금융기관	774.1	1,092.3	1,147.5	1,737.2	3,065.6
대 민간 비금융기관	438.9	678.8	1,022.5	1,585.3	1,986.5
대 정부	51.7	105.6	120.8	162.8	81.9
기타 자산	87.1	189.8	231.8	392.8	651.7
대외자산	1,552.8	2,080.3	2,899.0	4,116.5	6,401.4
총자산	2,911.8	4,156.9	5,434.2	8,009.4	12,208.3
〈부채 및 자본〉					
자본 및 준비금	536.2	678.4	1,056.6	1,286.4	2,238.5
대 금융기관	258.2	429.8	817.5	1,212.9	2,253,5
대 민간 비금융기관	793.3	1,008.7	1,096.8	1,760.3	1,867.7
대 정부	18.1	67.4	153.7	176.4	219.6
기타 부채	28.5	48.1	61.8	231.5	258.4
대외 부채	1,277.5	1,924.5	2,247.8	3,341.9	5,370.6

출처 : Global Investment House, 〈Global Research Bahrain, March 2007〉.

한 대출의 점유율은 5%에 지나지 않는다(2005년). 일반적으로 이슬람 은행의 대출이 개인을 위한 것이 많다는 점과 대조적인 현상이다.

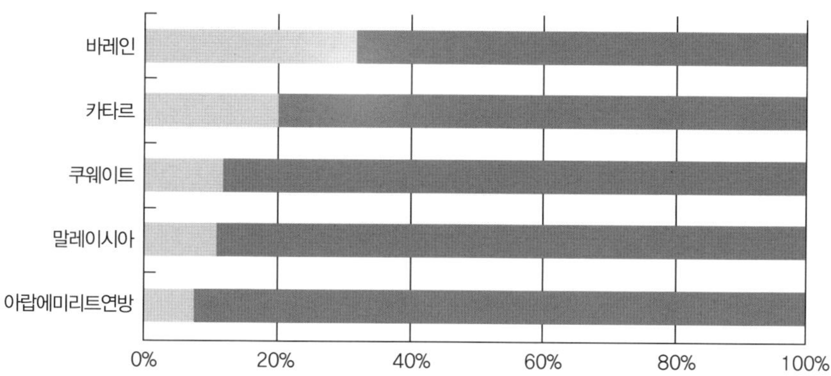

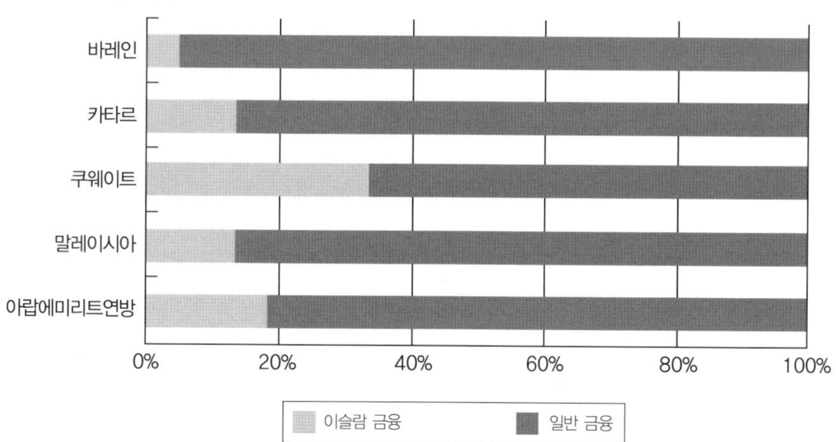

출처 : Mckinsey & Company, 〈Exploring Islamic Wholesale Banking Opportunities〉.

② 아랍에미리트연방

아랍에미리트연방에서는 1975년 두바이 이슬람 은행(Dubai Islamic Bank)의 설립이 이슬람 은행의 시작이다. 같은 해에 샤리아이슬람 은행(Sharjah Islamic Bank)도 설립되었다. 2000년 이후 이슬람 은행의 자회사 설립, 이슬람 윈도우 개설, 일반 은행의 이슬람 은행 전환에 따라 이슬람 은행도 증가했고, 현재는 이슬람 은행이 7개, 이슬람 금융 회사가 8개, 이슬람 투자 회사 2개가 각각 존재한다. 2007년에는 새롭게 누르 이슬람 은행(Noor Islamic Bank)이 영업을 개시할 예정이다.

아랍에미리트연방에서는 특히 소비금융 부문에서의 이슬람 금융 상품 및 금융 서비스에 대한 수요가 급증하고 있으며, 이에 따라 이슬람 은행은 네트워크 확대를 서두르고 있다. 두바이 이슬람 은행은 최근 2년 동안 지점을 배로 늘려 현재는 37개 지점을 개설했으며 2007년 말에는 53개 지점으로 증설할 계획이다. 에미레이트 이슬람 은행(Emirates Islamic Bank)은 2006년 초 12개 지점이 있었는데 현재는 18개 지점으로 늘어났다. 현재 아랍에미리트연방에는 7개의 이슬람 은행과 100개가 넘는 지점을 개설한 상태다. 지점 개설 외에도 인터넷과 텔레뱅킹, 모바일 뱅킹 등 고객과의 다양한 채널 확장을 추진하고 있다.

③ 말레이시아

말레이시아에서 이슬람 금융이 시작된 것은 1983년 3월에 발효한 이슬람 은행법(Islamic Banking Act 1983)부터다. 이 법이 제정되던 해 7월에 최초의 이슬람 은행 이슬람 말레이시아 은행(Bank Islam Malaysia)이 설립되었다. 이전에도 정부순례기금(Lembaga Urusan dan Tabung Haji)이라는 저축 기관이 있었지만, 이것은 순례자금 저축을 목표로 한 것으로서 금융 중개를 실시하는 은행은 아니었다.

1993년 말레이시아 중앙은행(BNM)은 이슬람 은행 방식인 무이자 은행 계획(Interest-free Banking Scheme, IBS)을 도입했다. ISB는 일반 은행이라도 면허를 취득하면 이슬람 은행 업무에 참여하는 것을 인정하는 방식이다(이른바 이슬람 윈도우 형태). 이로써 말레이시아 3대 은행이던 말레이시아 은행(Malayan Banking Bhd.), 푸미푸트라 말레이시아 은행(Bank Bumiputra Malaysia Bhd.), 유나이티드 말레이시아 은행(United Malaysia Banking Corporation Bhd.)이 이슬람 은행의 업무를 시작했다. IBS는 1998년 12월에 이슬람 은행 계획(Islamic Banking Scheme)이라는 명칭으로 변경되었다. 이어서 1994년에는 이슬람 금융의 인터뱅크 시장도 개설되었다.

2000년대에 들어서면 이슬람 금융 육성을 한층 적극적으로 전개하여, 금융 부문의 경쟁력 강화를 목표로 한 10개년 계획 '금융센터 마스터플랜'(2001년 3월 발표), 자본시장 육성을 목표로 한 '자본시장 마스터플랜'(2001년 2월 발표)을 각각 발표하고 이들을 통해 이슬람 금융 육성의 장기적인 비전을 제시했다.

'금융센터 마스터플랜'은 2010년에 이슬람 금융의 시장 점유율을 20%로 끌어올리는 것을 목표로 삼고 금융기관의 능력 강화, 금융 인프라와 규제 정비를 추진하고 있다. 또 '자본시장 마스터플랜'은 말레이시아를 이슬람 금융의 허브 시장으로 발전시킨다는 목표로, 이슬람 금융 상품과 서비스의 개발 촉진, 회계·세금·규제 등의 프레임워크 확립, 이슬람 자본시장의 전문가 육성, 타국 시장과의 전략적 제휴 촉진 등을 추진하고 있다.

이와 같은 정부에 의한 적극적인 이슬람 금융 육성 방침의 영향으로 이슬람 은행의 움직임 역시 특히 최근에 들어 활발하게 진행되고 있다.

2003년 9월에는 이슬람 은행 간의 경쟁을 촉진할 목적으로 외자계 은행에 이슬람 은행 면허를 제공한다는 계획이 발표되었다. 이 영향을 받아 쿠웨이트, 사우디아라비아, 카타르 등 GCC 3개국 은행들이 말레이시아 진출을 결정했다. 쿠웨이트의 KFH(Kuwait Finance House)는 2006년 2월에 KFH 말레이시아(Kuwait Finance House Malaysia Berhad)를, 이어서 사우디아라비아 알라지(Al-Rajhi)가 2007년 2월에 알라지 투자은행 말레이시아(Al-Rajhi Banking & Investment Corporation Malaysia Berhad)를, 그리고 카타르의 카타르 이슬람 은행(Qatar Islamic Bank)이 2007년 3월에 아시안 파이낸스 은행(Asian Finance Bank)을 각각 설립했다. KFH 말레이시아는 두 개의 지점을 개설했으며 수년 내에 10개 지점을 개설할 계획이다. 한편 알라지 투자은행 말레이시아는 12개 지점을 개설한 상태로 2010년까지는 50개 지점으로 증설할 예정에 있는 등 말레이시아 내의 사업 확대를 급속하게 진행하고 있다.

또 2005년에는 IBS 방식을 실시하는 은행들에게 이슬람 금융 부문을 분리하여 이슬람 은행으로 설립하는 것을 허가했다. 대기업 은행들은 신속하게 이슬람 은행 설립을 추진하여, RHB 이슬람 은행(RHB Islamic Bank Berhad), 홍렁 이슬람 은행(Hong Leong Islamic Bank Berhad), 커머스 TIJARI 은행(Commerce TIJARI Bank Berhad) 등이 연달아 개설되었다.

그리고 같은 2005년에 이슬람 은행에 대한 외자출자 비율의 상한이 30%에서 49%로 인상되었다. 이 때문에 두바이 투자 그룹이 이슬람 말레이시아 은행(Bank Islam Malaysia Berhad)에 40%를 출자하고, 알바라카 그룹(Albaraka Banking Group)이 RHB 이슬람 은행에 49%를 출자하는 등 외국자본의 말레이시아 진출이 전개되고 있다.

말레이시아의 이슬람 은행 확대 흐름은 특히 현저하여 조사에 따르면, 2005년 이슬람 자산 잔고 상위권 40개 은행 중 17개 은행을 말레이시아가 차지했다고 한다. 현재 말레이시아에서는 이슬람 은행 11개, 상업은행 8개, 투자은행 4개, 개발금융기관(Development Financial Institutions) 5개(2007년 7월 기준)가 이슬람 금융을 제공하고 있다(이슬람 은행을 제외하고는 모두 이슬람 윈도우). 일반 은행과 이슬람 은행의 수와 네트워크 추이를 살펴보면 일반 은행의 감소와 이슬람 은행의 증가가 명확히 드러난다.

최근 말레이시아의 이슬람 금융 육성 방침은 더욱 강화되어 2007년 예산안에서는 다음과 같은 세제상의 이슬람 금융 우선 정책이 포함되었다.

[표 4-5] **말레이시아의 이슬람 은행 및 일반 은행의 개수와 네트워크 추이**

이슬람 금융	2002년 말	2003년 말	2004년 말	2005년 말	2006년 말
〈은행 개수〉	47	46	41	43	42
상업은행	35	34	29	27	22
투자은행	10	10	10	10	10
이슬람 은행	2	2	2	6	10
〈네트워크〉	2,531	2,563	2,429	2,244	2,139
상업은행	2,386	2,414	2,276	2,072	1,952
투자은행	17	17	17	19	19
이슬람 은행	128	132	136	766	1,167
〈ATM 네트워크〉	4,213	4,396	4,708	4,892	5,198
상업은행	4,028	4,184	4,428	4,584	4,869
이슬람 은행	185	212	280	308	329

출처 : Bank Negara Malaysia, 〈Financial Stability and Payment System Report 2006〉.

- 이슬람 은행업 및 이슬람 보험업에 대해서는 2007년 과세연도에서 2016년 과세연도까지 국제 통화에 의한 거래로 얻은 소득은 세금을 면제한다.
- 2006년 9월 2일부터 2009년 12월 31일까지 이슬람 금융 상품에 대한 인지세를 면제한다.
- 외국 이슬람 펀드 운영회사에 대해서는 2007년 과세연도에서 2016년 과세연도까지 관리비에 대한 소득세(10%)를 전액 면제한다.
- 2006년 9월 2일부터 2009년 12월 31일까지의 신청분에 한해 이슬람 주식 중개회사의 설립 비용을 공제한다.

▪ 2007년 과세연도가 기한인 스쿠크 발행에 소요되는 비용의 공
  제는 2010년 과세연도까지 연장한다.

그리고 말레이시아는 이슬람 금융의 국제적 허브 시장을 목표로
삼고 2006년 8월에 라부안 국제역외금융센터에 국제 이슬람 금융센
터(Malaysia International Islamic Financial Center; MIFC)를 설립했
다. MIFC는 이슬람 금융에 대한 축적된 경험을 활용하여 국제통화에
서의 이슬람 금융 상품과 서비스를 제공하는 센터 역할을 담당하고
있다. MIFC는 국제적인 이슬람 금융시장의 제휴와 협조 강화를 통해
중동, 서아시아, 북아프리카 간의 무역 및 투자 관계 확대를 목표로
삼고 있다. MIFC에 설립된 이슬람 금융기관(이슬람 은행, 역외은행의
이슬람 윈도우, 타카풀 사업자)은 말레이시아 국내 어디서나 사업소를
개설할 수 있으며, 장소와 무관하게 라부안 국제역외금융센터에 부
여되는 세제상의 특전을 누릴 수 있다. 국제 통화 기준의 거래에서
얻은 수익의 과제 면제, 인지세 면제 등의 우선조치가 앞서 말한 대
로 통용된다. 말레이시아의 이슬람 은행도 MIFC에 국제통화 사업 부
문(International Currency Business Units, ICBU)을 설립하여 거주자
및 비거주자를 위한 국제통화 기준의 이슬람 은행 서비스를 제공할
수 있다.

④ 인도네시아

1억 3,000만 명 인구의 85%가 무슬림인 세계 최대의 이슬람 국가

인 인도네시아의 이슬람 금융 발전은 상대적으로 늦은 편이다. 그 이유는 샤리아를 비교적 유연하게 해석하는 인도네시아 무슬림들이 애초부터 이자 수수가 샤리아에 위반한다는 의식이 없었고, 다양한 민족적·종교적 전통을 가진 국가였던 인도네시아에서는 역사적으로 정치가 종교와 어느 정도 거리를 두고 있었기 때문으로 보인다.

인도네시아에서 이슬람 금융에 관한 법제도가 도입된 것은 1992년 조례(Act No. 7)였다. 1998년 개정을 통해 이슬람 은행 제도로서 일반 은행 및 이슬람 은행 공존 시스템이 도입되었다. 그러나 이슬람 은행의 증가, 이슬람 금융 확대가 이루어지기 시작한 것은 2003년 이후부터다. 이슬람 은행 자산이 은행 부문 총자산에서 차지하는 점유율은 2002년에 0.7%였던 것이 2003년에는 1.26%, 2004년에는 1.42%로 점차 상승했다. 그러나 2007년 3월에 총자산 점유율이 1.67%, 예금 점유율은 1.69%, 대출 점유율은 2.60%에 그쳐 이슬람 금융의 확대 속도는 대체로 느릿하다. 그럼에도 이슬람 금융을 제공하는 금융기관이 증가하고 있는 가운데 현재는 이슬람 은행이 3개, 이슬람 윈도우 은행이 22개 개설되어 있다.

인도네시아는 앞으로 이슬람 금융을 적극 육성할 방침으로 2002년에는 '이슬람 금융 촉진을 위한 청사진(The Blueprint of Islamic Banking Development in Indonesia)'을 작성하여 2002년부터 2011년에 걸쳐 이슬람 금융 육성을 위한 3단계를 추진하고 있다. 이 방침에서는 샤리아의 원리 준수, 건전한 규칙의 도입, 효율적이고 경쟁력 있는 사무 절차 구축, 안정적인 시스템 도입과 경제 공헌이라는 4가

[표 4-6] **인도네시아의 이슬람 금융 확대 추이(매년 월말)**

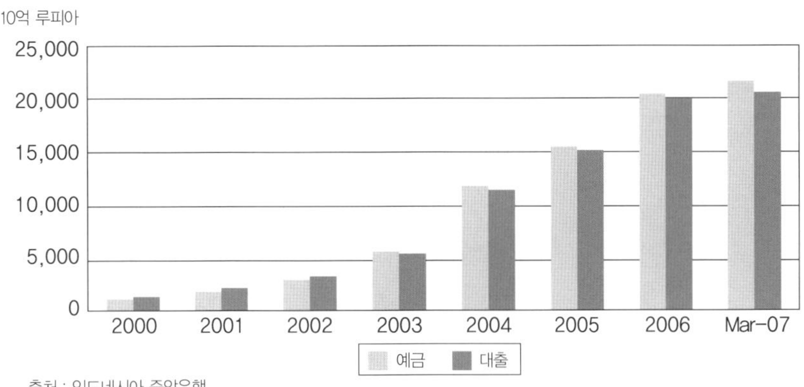

출처 : 인도네시아 중앙은행.

지를 중점적으로 강조하고 있다. 인도네시아 정부는 2011년까지 은행 부문 총자산에서 차지하는 이슬람 은행의 자산 점유율을 9%로 상승시키겠다는 목표를 내걸고 있다.

이와 더불어 '자본시장 육성 계획(Indonesia Capital Market Master Plan 2005~2009)'에도 이슬람 자본시장을 육성하기 위해 샤리아 기준에 맞는 법적 제도 구축과 상품 개발 촉진 항목이 포함되어 있다. 그리고 인도네시아의 스쿠크 발행은 2002년 통신회사 인도샛(PT Indosat Tbk.)에 의한 1,750억 루피아(192억 원, 100루피아=약 11원)의 스쿠크 발행이 처음이다. 2007년에는 인도네시아 정부에 의한 스쿠크 국채 발행을 목표로 하고 있다.

이슬람 금융

　유럽 및 미국의 주요 금융기관들은 지금까지 고도한 금융 기술을 무기로 거액의 오일머니를 받아들여 수많은 사업들을 획득해 왔다. 이 같은 경향은 현재에도 지속되고 있지만 최근 이슬람 금융의 보급, 이슬람 은행의 업무 확대 등으로 지금까지의 사업들이 이슬람 금융 및 은행으로 유출되지 않을까 우려하는 분위기가 생겨났다. 이에 따라 유럽 및 미국의 주요 금융기관들도 이슬람 은행을 설립하면서 이슬람 금융 전개를 강화하고 있다.

　중동 이슬람 금융의 허브 시장인 바레인에는 수많은 유럽 및 미국의 은행들이 진출한 상태다. 바레인에는 시티은행 , HSBC, 스탠다드 차타드 은행, BNP파리바, JP 모건체이스 등이 진출하여 HBSC는 HBSC 아마나(HBSC Amanah)라는 명칭으로 각종 이슬람 금융 서비스를 제공하고 있으며, 시티은행은 시티 이슬람 투자은행(Citi Islamic Investment Bank)이라는 이슬람 은행을 설립하여 국제적으로 이슬람 금융에 참여하고 있다.

　쿠웨이트에서는 2004년 1월에 성립된 법률(Law No.28)에 따라 외국 은행의 지점 개설이 인정되었다. 이로써 2005년 3월에는 BNP 파리바, 2005년 8월에는 HBSC, 2006년에 3월에 시티은행의 지점이 잇달아 개설되었다. 또 2004년에 성립된 법률(Law No.30)은 기존의 지역은행이 51% 이상의 자본을 가진 자회사를 통해 이슬람 금융 업무를 실시하거나 쿠웨이트 중앙은행의 인가 아래 이슬람 전용 은행으로 전환하는 것을 인정했다. 이로 인해 쿠웨이트 국내에서 이슬람 금융의 경쟁은 더욱 격렬해질 전망이다.

최근 유럽 및 미국 은행들의 참여가 급속하게 증가하는 곳은 다름 아닌 사우디아라비아다. 사우디아라비아에서는 서서히 금융 업무의 개방을 추진하고 있어 도이체뱅크, JP 모건체이스, BNP 파리바가 2004년에 은행 면허를 취득한 것 외에도 HBSC는 자본시장국의 면허를 받았고 사우디아라비아에서 한번 철수했던 시티은행도 재진입할 계획을 검토하고 있다. 그리고 크레딧스위스는 현지 벤처에 대한 출자를 통해 사우디아라비아에 진출했으며 UBS도 진출 계획을 검토하는 등 스위스도 적극 참여하고 있다.

말레이시아에서는 이슬람 윈도우 형태로 이슬람 금융 업무를 실시하고 있는 HBSC가 새롭게 이슬람 은행 자회사를 설립할 예정이며, ABN 암로도 2008년에 이슬람 은행을 설립할 계획이다. HBSC가 이슬람 은행을 설립하는 것은 기존의 이슬람 금융 부문이 높은 수익을 올리고 있기 때문이다.

이슬람 은행 운영상의 문제점

이슬람 은행 업무를 운영할 때의 감독 규제, 리스크 관리, 회계 기준과 같은 운영상의 구조는 어떻게 이루어져 있을까? 일반 은행과 차이점은 무엇이며, 이슬람 은행 운영상의 문제점에 대해 개괄적으로 살펴보자.

이슬람 은행의 감독 규제 및 업무 규칙

이슬람 금융 시스템이 건전성과 안정성을 확보하기 위해서 반드시 필요한 것은 이슬람 은행의 규제 및 감독 기능이다. 또 이슬람 은행의 규제 및 감독을 할 때에는 이슬람 금융만이 지니는 특수한 성격을 고려해야 하며, 규제 기준에서는 특히 투명성 확보가 중요하다. 이는 일반 금융과 달리 이슬람 예금자(투자 예금 보유자)는 투자자의 입장에 있으며, 원칙적으로 손실이 발생했을 경우에는 이것을 부담하게 되기 때문이다. 그리고 예금자들 사이의 이익 및 손실을 공평하게 배분해야 한다는 관점에서도 일반 금융보다 높은 수준의 투명성, 엄격한 감독 기준이 요구된다. 그러나 현실에 있는 이슬람 은행의 규제 및 감독은 아직도 발전 과정 중에 있다고 할 수 있다.

일반 은행의 감독 및 규제에서는 국제결제은행(BIS)이 국제적인 기준을 책정하고 각국이 이에 적합한 감독 및 규제를 실시한다. 이슬람 은행에서는 기준 책정이 이슬람 금융 서비스 위원회(IFSB)에서 실시되고 있으며, 현시점에서는 다음과 같은 기준이 최소 수준으로 발표되어 있다.

- 리스크 관리 기준(Guiding Principles for Management): 2005년 12월 발표.
- 자기자본 기준(Capital Adequacy Standard): 2005년 12월 발표.
- 기업 지배구조 기준(Guiding Principles on Corporate Governance): 2006년 12월 발표.
- 투명성과 시장 규제의 촉진에 관한 발표(Disclosure to Promote Transparency and Market Discipline): 설계 단계.
- 금융 감독의 요점에 관한 지침(Guidance on Key Elements in

The Supervisory Review Process): 설계 단계.

그러나 이와 같은 기준은 강제력이 없고 지침에 그치고 있는 상태다. 또 앞서 기술한 것처럼 이슬람 금융으로서 샤리아 적격 여부 판단도 각국 혹은 각 법학자들에 따라 다른 경우도 존재한다. 그래서 일반 은행과 비교했을 때 이슬람 은행에 관해 국제적으로 강제력을 지닌 기준을 책정하는 것이 곤란하다는 측면도 있다. 그러나 국가에 따라 이슬람 은행에 관한 감독 기준과 투명성에 차이가 존재하는 것은 이슬람 금융 확대를 저해하는 요인으로 작용하기 때문에 국제적인 지침 책정과 함께 금융 감독 당국 간의 협조와 정보 교환의 촉진, 이슬람 은행의 정보 개시 강화 등을 목표로 내걸고 있다.

또 이슬람 은행과 일반 은행의 이슬람 윈도우를 감독 규제할 때 동일하게 취급할 필요성도 발생한다. 가령 자기자본 비율 규제에서 일반 은행의 이슬람 윈도우는 바젤 2 기준(Basel 2)을 따르는 데 비해 이슬람 은행은 CAS(Capital Adequacy Standard) 기준을 따르기 때문에 차이가 발생한다. 말레이시아에서는 이것을 동일하게 조절하기 위해 이슬람 윈도우 부문에서 CAS 기준에 맞추도록 하고 있다. 이슬람 윈도우의 대규모 여신규제에서도 일반 은행의 자본금을 바탕으로 하지 않고 이슬람 자본을 바탕으로 산정하는 조치를 취하고 있다.

이슬람 은행에 관한 규제도 전체적인 틀에서는 일반 은행에 관한 규제와 크게 다르지 않다고 하는데, 구체적으로 어떻게 규제되고 있는지 살펴볼 필요가 있다. 이하에서는 규제 감독 면에서 상대적으로 발전된 양상을 보이는 바레인을 예로 들어 살펴보고자 한다. 바레인은 이슬람 은행의 감독 규제에 관한 독자성을 인정하면서 바젤 위원회의 일반 은행 규제 원칙도 충족시키는 기준으로서 2002년 3월에 PIRI(Prudential Information and Regulatory framework for Islamic bank)를 채용했다. 구체적인 규제는 다음과 같다.

① 자기자본 비율 규제

이슬람 은행도 일반 은행과 마찬가지로 자기자본 비율을 12% 이상 유지할 것을 요구하고 있다. 그러나 자기자본 비율의 산정 방법이 일반 은행과 다르기 때문에 이슬람 금융기관 회계감독기구(AAOIFI)의 권고를 바탕으로 삼는다. 그 결과 이슬람 은행의 자기자본 비율 12% 이상이라는 것은 일반 은행 기준으로 계산하면 실질적으로 27% 이상에 해당하는 것으로 평가된다.

② 대규모 여신 규제

동일한 상대에 대한 여신이 자본 계산 10% 이상이 될 경우에는 CBB에 보고할 필요가 있으며, 또 15% 이상이 될 경우에는 CBB의 사전 승인이 요구된다.

③ 유동성 규제

일반적으로 이슬람 은행은 자금 조달과 자금 운용 기간에서 미스매치가 발생하기 쉽고, 이것이 이슬람 은행에 유동성 리스크를 초래한다. 이 때문에 CBB는 이슬람 은행에 유동성의 미스매치를 보고하도록 요구하고 있으며 6개월 미만에 대해서는 현금 기준, 6개월 이상 5년 미만의 경우에는 만기 기준에서 미스매치 보고가 요구된다. CBB가 설정하는 미스매치의 상한은 기간 0~8일이 15%, 8일~한 달이 25%다.

이슬람 은행의 업무 운영 리스크

이슬람 은행이 제공하는 금융 상품 및 서비스에는 일반 은행에 비해 이슬람 은행이 부담하는 리스크가 높고, 또 그것이 이슬람 금융이 요구하는 특징이다. 이슬람 금융에서 은행은 매각자 및 소유자로서, 그리고 금융 제공자 및 출자자로서 다양한 리스크를 부담하게 된다.

이슬람 금융 서비스 위원회(IFSB)가 규정하는 리스크 관리 기준에서는 이슬람 은행의 리스크로서 크게 다음과 같은 6종류를 들고 있다.

① 신용 리스크

계약 상대자가 계약이 규정한 채무를 부담하지 않을 리스크로서 모든 형태의 이슬람 금융에 존재하는 일반적인 리스크다. 일반 은행에서도 동일한 리스크가 있지만 이슬람 금융 특유의 리스크로서 계약 상대자가 샤리아에 부적격한 샤리아 위반 리스크가 발생할 수도 있다.

② 출자 리스크

자금을 제공한 사업에 관한 리스크로서 무다라바, 무샤라카 등의 이슬람 금융 방식에서 전형적으로 발생하는 리스크다. 또 무다라바, 무샤라카 계약의 연장과 해지에는 샤리아 위원회의 승인이 필요하기 때문에 여기서도 샤리아 위반 리스크가 발생할 가능성이 있다.

③ 시장 리스크

상품의 시장 가격이 변동함으로써 이슬람 은행이 떠안게 되는 리스크다. 이자라 등의 이슬람 금융 방식에서는 기간 만료까지 은행이 해당 자산의 소유자가 되어 상품의 시장 가격 변동은 이슬람 은행의 재무제표에도 영향을 미치게 된다. 또 무다라바에서는 고객이 상품 구입 계약을 파기했을 경우 이슬람 은행은 해당 상품을 시장에 매각할 필요에 쫓기는데 시장 가격의 변동에 따라 시장에서의 가격이 구입 가격을 밑돌아 손실이 발생할 위험도 있다.

④ 유동성 리스크

이슬람 은행이 필요한 자금 조달이 불가능해질 리스크로서 일반 은행과 동일한 위험이다.

⑤ 이익률 리스크

일반 은행의 금리 리스크에 해당하는 리스크다. 이슬람 금융 방식에서는 금리를 사용하지 않지만, 예측 수익 산정에서 지표금리 등을 채용하고 있다. 이는 일반 은행의 금융과 경쟁할 수밖에 없는 상황에서 발생하는 것으로 해당 지표금리가 변동했을 경우에는 사전에 설정한 예측 수익과 동떨어질 리스크가 발생한다.

⑥ 사무 리스크

은행원 및 시스템으로 인한 일반적인 사무 리스크다. 이슬람 은행의 경우에는 샤리아 적격 심사 등의 사무 처리 및 업무 관리 등에서 샤리아 부적격이 될 리스크도 존재한다.

이슬람 은행의 업무 운영 리스크는 전체적으로 일반 은행의 리스크에 이슬람 은행 특유의 리스크가 추가되는 형식이다. 또 리스크 삭감을 위해 이슬람 은행은 이익평형준비금(Profit Equalisation Reserve, PER)과 투자 리스크 준비금(Investment Risk Reserve, IRR) 등을 적립하여 리스크에 대비하고 있다.

이슬람 은행의 회계 기준

이슬람 은행의 회계 기준에 관해서는 AAOIFI가 국제적인 기준을 규정하고 있다. 이것을 바탕으로 각국이 이슬람 은행의 회계 기준을 정하고 있다. 가령 말레이시아에서는 2001년에 말레이시아 회계기준위원회(Malaysian Accounting Standard Board)에 의해 이슬람 은

[표 4-7] **이슬람 은행의 재무제표**

자산	부채
현금	당좌계산
투자유가증권	기타 부채
외상채권	이익분배투자계산(PSIA)
리스자산 투자	이익분배투자계산
부동산 투자	이익평형 준비금
주식 파이낸싱	투자리스크 준비금
주식 투자	
재고	
기타 투자	자본
고정자산	자본금
기타 자산	

출처 : Bank Negara Malyasia

행의 회계 기준과 재무제표의 지시에 관한 규칙이 제정되어 2003년 부터 적용되고 있다.

　이슬람 은행의 재무제표는 이슬람 은행의 업무 내용에 맞춘 자산 및 부채 항목을 분류하고 있다. 자산 면의 항목인 외상채권(Sales receivable)에는 무라바하, 살람 등의 단기 융자, 살람, 이스티나 등의 장기 융자가 이에 해당하고, 리스자산 투자(Investment in leased assets)에는 이자라에 의한 리스 자산이, 부동산 투자(Investment in real estates)에는 모기지론이 해당된다. 부채 면에서는 일반적인 부채 항목과 함께 이익배분투자계산(Equity of Profit Sharing Investment Accounts, PSIA)이 설치되어 투자 예금과 각종 준비금이 여기에 해당된다.

제 5 장

비이슬람 국가들의
이슬람 금융
확대 동향

01

영국

이슬람 금융의 확대는 비이슬람 국가에서도 이루어지고 있다. 이슬람 금융은 무슬림들만의 것이 아니라 비이슬람들도 이용할 수 있으며, 일반 금융과 비교했을 때 보다 유리한 조건이면 이슬람 금융에 투자하거나 자금을 조달하는 사례도 종종 발견된다.

이 장에서는 비이슬람 국가들 중에 이슬람 금융을 적극적으로 추진하고 있는 사례로서 영국(런던 시장)과 싱가포르를 소개하고자 한다. 두 나라는 국제 금융센터로서의 장점을 더욱 부각시켜 보다 확고한 지위를 획득하기 위해 이슬람 금융을 촉진하고 있다. 그러나 영국이 자국의 무슬림을 위한 금융 서비스라는 사회적인 필요성 때문에 이슬람 금융을 도입하려는 데 비해 싱가포르는 주로 중동 국가들의

투자 자금을 획득하여 아시아를 비롯한 국가들로 되돌릴 자금 중개
기능을 강화하고자 하는 특징을 지니고 있다.

이슬람 금융 촉진의 배경과 시책

영국이 런던 시장에서 이슬람 금융의 육성을 적극적으로 꾀하고
있는 이유는 영국에 무슬림 사회가 존재하고 있으며 런던 시장이 중
동 국가들로부터 오일머니를 모아들이는 국제적인 금융시장이라는
점 때문이다.

영국에 거주하고 있는 무슬림 인구는 180만 명 정도로 추산되며
총인구에 대한 점유율은 약 3%다. 무슬림 인구의 점유율은 그다지
높지 않지만 그중 60% 정도가 소득 수준에서 중류 이상의 부유층이
많다는 것이 특징이다. 영국은 비이슬람국이면서도 부유층 무슬림을
위한 소비금융 분야에서부터 이슬람 금융이 제공되기 시작했다. 또
영국 무슬림의 60%는 파키스탄, 방글라데시계이고 무슬림 인구의
3분의 1이 런던에 거주하고 있다.

중동 국가들의 오일머니는 런던 시장으로 한번 유입된 다음 미국
을 비롯한 전 세계로 투자되는 것이 일반적이다. 최근 이슬람 금융의
확대와 더불어 중동 투자자들은 물론 이슬람 금융에 대한 투자 선호
도도 높아지고 있다. 따라서 지금까지와 마찬가지로 국제 금융시장
으로서의 지위를 확보해 나가기 위해서는 런던 시장에서 이슬람 금

융 투자를 선택지의 하나로서 제공해 나갈 필요가 있다. 또 유럽 및 미국 등의 서방 국가에서 이슬람 금융에 대한 인프라 정비가 아직 발전하지 못한 현시점에서 타국보다 한발 앞서 이슬람 금융 발전에 착수하는 것은 향후 이슬람 금융이 한층 큰 확대를 보일 경우 커다란 선제 이익이 될 것으로 기대된다. 이 같은 인식을 바탕으로 영국에서는 재무성, 금융 서비스 기구(Financial Services Authority, FSA) 등의 당국도 이슬람 금융의 육성에 힘을 쏟고 있다. 브라운 경제부 장관도 "시티(런던)를 이슬람 금융의 게이트웨이"로 만들겠다는 구상을 표명하고 있다. 그러나 금융감독 당국인 FSA의 방침은 이슬람 금융을 특별 취급하는 것이 아니라 일반 금융과 동등한 경제 효과가 가능하도록 배려하겠다는 태도다.

영국의 이슬람 금융 육성을 위한 정책면의 대응은 2003년 재정법(Financial Act 2003)부터다. 2003년 재정법에서는 개인을 위한 이슬람 금융 방식(무다바하, 이자라)의 주택 대출에 대해 토지인지세(Stamp Duty Land Tax, SDLT)의 이중과세 방지책이 도입되었다. 이는 무라바하 방식, 이자라 방식에서는 은행이 상품을 구입한 다음 그것을 고객에게 되파는 형식을 취하기 때문에 결과적으로 SDLT가 이중으로 부과되기 때문이다. 그래서 다시 팔 때 SDLT를 면제해 줌으로써 2중 과세를 피할 수 있게 한다는 것이다. 또 2003년도 재정법의 조문에는 무라바하, 이자라라고 하는 단어를 사용하지 않고 거래 형태로서 설명하고 있다.

이어 2005년 재정법(Financial Act 2005)에서는 무라바하 방식에서 수취하는 이자 상당분을 '대안적 재무 수익(alternative finance return)', 무다라바 방식에서 수취하는 이자 상당분을 '수익 분배 이윤(profit share return)'으로 정하고, 세법상 이자와 동일하게 취급하는 것으로 변경했다. 이는 영국 세법에서는 이자일 경우 지급시 비용 계상이 가능한데 이슬람 금융의 이자 상당분을 이자로 인정하지 않게 되면 이슬람 금융이 일반 금융에 비해 불리하기 때문이다.

또 2006년 재정법(Financial Act 2006)에서는 기업을 위해서도 개인 주택 대출과 동일한 SDLT 이중과세 방지책이 도입되어, 앞서 말한 것 이외의 이슬람 금융 방식에 대해서도 이자 상당분을 이자로 인정하는 조치가 취해졌다.

2007년 재정법(Financial Act 2007)에서는 이슬람 채권(스쿠크)에 관해서도 일반 채권과 동등하게 취급하는 정책이 도입되었다. 스쿠크 분배 이익은 일반 채권의 이자와 동일한 비용으로서 이익에서 공제할 수 있도록 개선되었다. 그리고 무샤라카 및 이슬람 보험(타카풀) 취급 지침에 대한 명확화도 도입되었다.

세제상의 취급뿐만 아니라 이슬람 금융을 촉진하기 위해 영국 정부는 2008년에는 서방 국가들 중에서 처음으로 이슬람 국채를 발행할 준비를 추진하고 있다. 영국 재무성에서는 이슬람 국채를 기관투자가뿐만 아니라 은행과 우체국을 통해 영국에 거주하는 무슬림들에게 판매할 목표를 가지고 있다. 또, 재무성은 이슬람 금융 서비스에 관한 업계의 의견을 듣는 조직으로서 '이슬람 금융 전문가 그룹(Islamic Finance Expert Group)〉을 새롭게 설립했다.

　　민간 수준에서도 이슬람 금융 육성이 추진되고 있다. 런던에 거점을 두고 있는 금융기관으로 구성되는 국제자본시장협회(ICMA)는 바레인의 이슬람 금융기관과 공동으로 이슬람 금융 상품의 국제 기준을 만들어 나간다는 것에 합의했다.

이슬람 금융의 동향

　　2004년 영국 최초의 이슬람 전용 은행으로서 영국 이슬람 은행(Islamic Bank of Britain, IBB)이 설립되었고, 이어서 2005년에는 유럽 이슬람 투자은행(European Islamic Investment Bank, EIIB)이 설립되었다. 이 둘은 이슬람 전용 은행으로서 IBB가 소비금융 업무를, EIIB가 생산금융 업무를 전개하고 있다.

　　영국 대기업 은행은 이슬람 윈도우 형태로 이슬람 금융 서비스를 제공하고 있다. 가장 큰 HBSC는 HBSC 아마나(HBSC Amanah)라는 브랜드로, 주로 무슬림을 위한 소비금융 상품(예금, 각종 대출, 타카풀)을 판매하고 있다. 최근에는 로이즈 TSB(Lloyds TSB)가 HBSC를 추격할 생각으로 적극적인 이슬람 금융을 확충하는 점이 눈에 두드러진다. 로이즈 TSB는 2005년 개인을 위한 이슬람 금융 서비스를 시작하여 예금, 주택 대출 등을 실시하고 있는데, 2007년 4월에는 영국에서 처음으로 기업을 위한 이슬람 예금 계좌 개설을 발표했다. 법인을 위한 업무를 시작한 것은 당좌예금계좌로 무슬림이 경영하는 10만

개 회사를 타깃으로 삼고 있다.

또 런던 시장에서는 소비금융 부문에서 이슬람 금융의 이용이 발전하고 있다. 특히 주택 대출은 각 은행에서 모두 제공하고 있으며, 영국 재무성에 따르면 이슬람 주택 대출 잔고는 2003년 이후만 보아도 5억 파운드를 웃도는 증가 추세를 보이고 있다. 2006년에는 전년도 대비 50%에 가까운 증가를 기록했다. 2009년까지는 10억 파운드에 달할 것으로 예상되고 있다. 바레인에 본거지를 둔 아랍 뱅킹 코포레이션(Arab Banking Corporation)의 100% 자회사인 ABC 투자 은행(ABC Investment Bank)는 2004년 말 업무를 개시한 이래 1억 파운드를 초과하는 주택 대출을 제공했다. ABC는 2007년에 이슬람 예금과 상업 융자에도 진출할 계획이다. 영국에서는 재무성과 금융 서비스 기구(FSA)를 비롯한 당국에서도 이슬람 금융을 진흥시키고자 힘을 쏟고 있다. 주택 대출 부문에서는 일반 주택 대출이라면 리스크 부담이 50%인 데 반해 이슬람 주택 대출은 100%로 은행의 자본 비용이 높아져 많은 은행들은 증가된 비용을 고객에게 전가하고 있다. 그 때문에 일반 주택 대출과의 균형성이 없다는 점이 문제점으로 제기되고 있다.

런던 시장에서 중동 국가들 은행의 활동도 눈에 띄지만, 유럽 및 미국의 주요 은행들도 주로 투자은행 부문에서 런던 시장의 이슬람 금융 촉진을 전개하고 있다. 독일의 웨스트 LB(West LB) 런던 지점은 2006년 6월에 바레인 유니콘 투자 은행(Unicorn Investment Bank)과 공동으로 1억 5,000만 달러의 스쿠크 기채에 관한 대표 주간사(lead arranger)로 취임했고, 같은 해 12월에는 오스트리아 레파이센 중앙은행(Raiffeisen Zentralbank Osterreich)과 공동으로 바레인 GFH(Gulf Finance House)를 위한 무라바하 방식의 신디케이트론 3억 달러를 주간했다. 그리고 2007년 1월에는 아랍에미리트연방의 에미레이트 트레이딩 에이전시(Emirates Trading Agency LLC)를 위한 무샤라카 방식의 신디케이트론의 주간도 획득했다. 이와 같이 런던 시장을 무대로 유럽 및 미국의 은행들이 중동 국가들을 위한 이슬람 금융 서비스를 취급하는 사례가 증가하고 있다.

싱가포르

이슬람 금융 촉진의 배경과 시책

싱가포르의 무슬림 인구는 약 60만 명으로 영국의 3분의 1에 지나지 않는다. 그 때문에 소비금융시장에서 이슬람 금융이 발전할 여지는 한정적으로 보인다. 그러나 싱가포르가 이슬람 금융 육성에 힘을 쏟고 있는 이유는 국제 금융센터로서, 특히 중동 자금의 아시아 투자를 위한 수용처로서의 기능 강화를 목표로 삼고 있기 때문이다. 싱가포르 정부는 금융센터로서의 기능 강화를 위한 중점 분야의 하나로 '이슬람 금융'을 내걸고 있으며, 특히 중동 자금의 수용 및 자금 운용 업무의 육성을 통하여 중동 자금이 아시아에서 운용될 때 중요한 거점으로서의 지위 강화를 목표로 삼고 있다. 실제로 싱가포르 통화청(Monetary Authority Singapore, MAS)에 따르면 2003년 이후 싱가포르의 운용자산 잔고는 급격하게 증가하고 있으며(2001년 166억 달러, 2002년 198억 달러, 2003년 274억 달러, 2004년 350억 달러, 2005년 433억 달러), 중동으로부터 유입되는 운용자산 잔고는 2005년 전년도 대비 30% 증가를 기록했다. 싱가포르에는 아시아 지역에 대한 부동산 투자를 실시하는 부동산 회사가 많고 이처럼 투자를 중개하는 인프라가 잘 정비되어 있는 편이다.

싱가포르는 이슬람 금융의 급속한 확대 영향으로 2004년부터 이슬람 금융을 육성하려는 정책을 전개하고 있다. 금융 규제와 세제를 재검토하여 이슬람 금융과 일반 금융의 차이를 제거하려는 방향으로 이슬람 금융 육성책을 추진하고 있다.

MAS는 2005년 9월에 은행에 무라바하 거래를 인정했다. 싱가포르 은행법(Banking Act)에서는 은행은 금융 거래만을 실시하게 되어 있으며, 무라바하 거래로 이루어지는 상품 매매 거래는 은행법에 저촉될 가능성이 있었다. MAS는 이것을 분명하게 인정함으로써 이슬람 금융을 취급할 때의 법적인 불투명성을 제거했다. 이로써 은행은 무라바하 방식으로 융자를 실시할 수 있게 되었다. 이어서 2006년에는 은행의 무라바하 방식을 통한 투자 상품 판매도 허가되었다.

세제면의 이슬람 금융 육성책도 영국과 유사하게 추진되었다. 인지세, 소비세의 이중과세를 폐지하고 이자로서 취급할 것을 인정했다. 2005년 재정법의 세제 개정에서는 이슬람 금융의 부동산 거래에 관한 인지세의 이중과세를 폐지하는 것이 포함되었고, 2006년 재정 법에서는 무라바하, 무다라바, 이자라 와 이쿠티나 거래에서 이익 수 취 및 배당 지급을 이자로 간주하는 조치가 실시되었다. 동시에 무라 바하 거래, 이자라 와 이쿠티나 방식의 비주택 부동산 구입의 매매차 익분에 대한 소비세 면제 조치도 도입되었다.

이슬람 금융의 동향

싱가포르에는 유럽 및 미국의 주요 은행들이 진출해 있는데, 이 은 행들은 싱가포르에서도 기관투자가를 위한 이슬람 금융 서비스를 제 공하기 시작했다. 도이치 은행의 투자신탁 자회사인 DWS 인베스트 먼트(DWS Investment)는 2006년 12월 이슬람 투자신탁 다섯 종류를 설정하고, 아랍에미리트연방의 두바이와 동시에 싱가포르에서도 모 집을 시작했다. 지역 은행인 오버시 차이니스 은행(Overseas Chinese Bank)은 2006년 9월 무다라바를 이용한 자산 운용 서비스를 개시했 고, 해외의 이슬람 자금 획득을 목표로 하고 있다.

싱가포르 최대의 상업은행인 싱가포르 개발은행(Development Bank of Singapore, DBS)은 2007년 5월 싱가포르 최초의 이슬람 은 행인 아시아 이슬람 은행(Islamic Bank of Asia, IBA)를 설립했다. IBA는 DBS가 약 60%를 출자하고 나머지는 GCC 국가들의 투자가 들의 출자로 구성되었으며, 중동과의 공동 은행이다. IBA는 아시아

와 중동의 부유층을 위한 자산 운용과 스쿠크 등 이슬람 금융 상품을
폭넓게 취급해 나갈 계획이다.

제 6 장

이슬람 금융의
과제와 전망

이슬람 금융의 과제

일반적인 과제

이슬람 금융의 급속한 확대는 최근 몇 년간 시작되었으며, 금융 시스템으로서 미숙한 점도 많고, 향후 시장이 확대해 나가기 위해서는 해결해야 할 과제들이 많다. 이는 이슬람 금융의 모든 기관에서도 인식하고 있는 점이다.

이슬람 개발 은행 그룹의 이슬람 조사교육기관(IRTI)과 이슬람 금융 서비스 위원회(IFSB)의 공동보고서(〈Islamic Financial Services Industry Development, Ten-Year Framework and Strategies〉)에서는 이슬람 금융기관 발전을 위한 13개의 권고를 금융기관에 관한 것과 인프라에 관한 것으로 나누어 다음과 같이 정리하고 있다.

〈금융기관의 발전에 관한 권고〉

1. 이슬람 금융 서비스 분야에서 자유, 공정, 투명성 있는 시장의 육성 및 발전을 추진할 것.
2. 국제적인 기준과 동등하고 충분한 자본, 업무 전개 능력, 유연성을 확보하기 위해 이슬람 금융기관의 자본과 효율성을 높일 것.
3. 국민의 대다수가 용이하게 금융 서비스에 접근할 수 있도록 할 것.
4. 샤리아 적격성, 기업 지배구조의 유효성과 투명성을 높일 것.
5. 전문성과 경쟁력, 역량을 지닌 인재를 발굴하여 최첨단 기술을 확실하게 이용할 수 있도록 할 것.
6. 연구와 혁신으로 표준화된 상품 개발을 촉진할 것.
7. 국제적인 건전성 기준과 회계 및 감사 기준에 적합한 기준이 이슬람 금융기관에 적용되도록 할 것.

〈인프라 발전에 관한 권고〉

8. 이슬람 금융기관의 특수성에 적합하고, 세제의 중립성을 보증

할 수 있는 적절한 법제, 규제, 감독 시스템을 개발할 것.

9. 이슬람 금융기관에 광범위하고 세련된 은행간 시장, 자본 시장, 파생금융상품(derivative) 시장을 육성할 것.

10. 이슬람 금융 서비스에 관한 공공의 인지를 강화할 것.

11. 국제적인 이슬람 금융 인프라에 관한 기관 간의 협조를 강화하여, 활발한 활동을 추진할 것.

12. 이슬람 금융 서비스를 제공하는 국가들 사이의 협조를 촉진할 것.

13. 국내 이슬람 금융기관과 지역 및 국제적인 금융시장과의 연계를 주도하고 촉진할 것.

더불어 이 보고서에는 금융기관, 자본 시장, 인프라 육성 및 발전에 관해 우선적으로 전개해야 할 분야를 다음과 같이 개별적으로 제시하고 있다.

〈금융기관〉

1. 광범위한 이슬람 금융 상품 및 서비스를 제공하는 경쟁력과 자본을 지닌 이슬람 금융기관을 충분한 숫자로 육성하고, 모든 사람들이 금융 서비스에 용이하게 접근할 수 있도록 할 것.

2. 필요로 하는 수준을 충족시키고 충분한 훈련 및 역량을 지닌 이

제6장 이슬람 금융의 과제와 전망

슬람 금융 전문가를 충분한 숫자까지 육성할 것.

3. 자금 조작에 필요한 유동성 있는 은행간 시장과 단기 이슬람 금융 상품을 개발하고 제공할 것.

4. 이슬람 금융 전반에 대한 지식을 개인 및 법인 고객에게 숙지시킬 것.

〈자본 시장〉

1. 국제적 인정을 받는 외화 기준, 지역 통화 기준 스쿠크(국채, 회사채)를 크로스보더(국가간 자본거래)로 발행하고 유동성을 강화할 것.

2. 이슬람 금융기관에 효과적인 유동성 및 리스크 관리 기회를 제공할 수 있는 발행 및 유통 시장을 육성하고, 국제적인 안전 기준에 바탕을 둔 지역 통화 기준의 이슬람 자산담보증권(ABS) 시장을 형성하여 유동성을 공급할 것.

3. 표준화된 샤리아 적격의 금융 수단, 채권, 금융시장을 창출하고 육성할 것.

〈인프라〉

1. 법, 계약, 재산권, 파산, 채권자 권리, 금융상의 안전망 등을 포

함한 법적 인프라를 구축할 것.

2. 투명성, 정보와 지배구조에 관한 인프라, 통화 및 금융 정책
   의 투명성과 중립성, 기업 지배구조, 회계 및 감독 시스템, 정
   보공개 규칙, 등급 설정 등에 의한 시장 모니터 기능을 구축
   할 것.

3. 자금 및 환율 조작을 포함한 유동성 인프라, 결제 및 청산 시스
   템, 자금 · 환율 · 자본 시장의 섬세한 구조를 구축할 것.

이들 권고와 우선 전개 분야를 살펴보면 이슬람 금융의 과제는
일반 금융 전 영역에 미치고 있음을 알 수 있다. 거꾸로 말하면 그
정도로 넓은 의미의 금융 인프라가 제대로 정비되지 않았음을 반증
한다.

또한 보다 실무적인 관점에서 국제 이슬람 금융시장(IIFM)의 이슬
람 금융 확대를 위한 전개도 추진되고 있다. 지표종목(벤치마크) 육
성, 표준 가능한 상품 개발, 상품 무라바하 시스템과 서류 절차의 표
준화, 거래 · 청산 · 결제 시스템에 관한 조사, 이슬람 투자신탁 시스
템의 개발 등이다.

이를 위해 IIFM은 일반 금융에 관한 국제기관과의 공동 작업도
개시했다. IIFM은 국제 자본 시장협회(ICMA)와 이슬람 금융시장의
활동 효율성과 건전성을 보증하기 위한 최선의 사무 절차와 고도한
공동 기준을 공동으로 개발하자는 계약에 체결했다. IIFM과 ICMA
는 유통 시장 거래의 표준화된 계약, 언어, 표준적인 사무 절차, 스

쿠크와 기타 이슬람 금융 상품 매매 표준화 등에 관한 공동 활동 그룹을 설립할 예정이다. 이를 실현하기 위해 IIFM은 주요 시장 참가자를 포함한 이슬람 자본시장 워킹 그룹(Islamic Capital Markets Working Group)도 개설했다. 일반 금융의 국제기관인 ICMA가 공동 프로젝트에 참가하는 것은 스쿠크를 비롯한 이슬람 금융 상품에 대한 접근이 비이스람교도들에게도 넓혀졌기 때문이다.

또 IIFM과 국제 스왑 파생상품 협회(ISDA)와도 동일하게 샤리아에 적합한 파생금융상품에 관한 표준약관 개발이 추진되고 있다는 점에 대해서는 3장에서 설명했다. 또한 상품 무라바하의 표준약관 개발도 진행되고 있다. 상품 무라바하는 이슬람 은행간 자금거래 등에 이용되고 있다. 상품 무라바하 자체는 널리 실시되고 있지만 이에 관한 국제적인 표준약관이 존재하지는 않는다. 상품 무라바하 거래는 이슬람 윈도우에서 은행간 자금시장 거래에 도입되었으며, 걸프 협력회의(GCC) 국가들과 런던 시장에서도 거래되고 있어 이슬람 금융의 유동성 조정 수단으로서 국제적인 발전이 요구되고 있다. 상품 무라바하의 표준약관은 2007년 9월까지 모두 작성될 계획이며, IIFM가 국제 법률사무소와 함께 조정을 진행하고 있다.

샤리아 해석의 표준화

법제, 규제, 세제, 금융 감독의 시스템 구축, 인재 육성, 시스템 등의 시장 인프라 정비는 일반 금융에서도 금융기관, 금융시장을 육성하는 데 있어 필요불가결한 과제다. 그러나 이슬람 금융의 경우 그 특수성 때문에 샤리아 해석의 표준화가 최우선적인 과제라 할 수 있다. 지금까지 언급했던 것처럼 현 단계에서는 국가에 따라 샤리아 해석의 차이점이 존재한다. 가령 이슬람 윈도우에서 샤리아 적격 이슬람 금융이 중동에서는 샤리아 부적격 판단을 받아 이슬람 금융으로 인정받지 못하는 경우도 존재한다. 이는 결과적으로 국가별로 시장을 분단하여 유동성을 방해하고 시장 확대 방해 요인으로 연결된다. 또한 이슬람 금융기관 및 고객의 입장에서는 샤리아 적격이라는 투명성이 없을 경우 언제나 샤리아 적격 판단이 필요하게 되어, 기동성 있고 효율적인 금융 거래가 불가능하게 되고 이는 곧 비용 증가로 연결된다.

이슬람 금융이 확대되기 위해서는 파생금융상품 거래와 같은 헤지 수단의 제공과 스쿠크 시장에서는 유통 시장의 확대와 같은 과제가 중요하다고 할 수 있으나, 이 둘은 샤리아 해석 여하에 따라서는 실현하기 곤란한 것들이다. 샤리아를 엄격하게 해석할 경우 파생금융상품 거래나 채권의 유통 시장 확대를 촉진하는 차익거래(arbitrage)는 인정받지 못할 가능성이 있다.

샤리아 해석에 관해서는 엄격함과 유연성이 조화를 이루는 방향으로 움직이고 있으며, 국제 기관을 중심으로 국제적인 표준화를 마련하려는 시도가 추진되고 있다. 그러나 샤리아는 종교적 해석이기 때문에 완전한 통일을 이루기는 어렵다는 견해도 많다. 더욱이 이슬람 금융 자체가 본래 무슬림의 행복을 지원하기 위한 것이므로 세계적인 기준 확립, 샤리아 해석 통일화 작업은 굳이 필요하지 않다는 반론도 존재한다.

샤리아 해석의 완전한 통일은 곤란하다 하더라도 국제적으로 어느 정도의 거래가 이슬람 금융 거래로서 가능한 것인지 투명성을 제공해주는 것이 향후 이슬람 금융시장의 확대를 위해 반드시 필요한, 더불어 최우선적으로 해결되어야 할 과제라고 본다.

또 이슬람 은행 및 금융기관 총평의회(CIBAFI), 이슬람 개발은행, 이슬람 금융 서비스 위원회(IFSB)에서는 중앙 샤리아 위원회를 설립하려는 계획을 추진하고 있다.

이슬람 금융에서 분쟁으로 인한 재판이 일어났을 경우 샤리아와 일반법 중 어느 쪽을 우선시할 것인가 하는 것도 문제점으로 거론된다. 앞에서도 이슬람 윈도우에서는 이슬람 금융을 이용하는 비무슬림들이 무슬림보다 많다는 조사 결과에 대해 언급했지만, 특히 샤리아에 익숙하지 않는 비무슬림들에게 준거법 문제는 커다란 문제라 할 수 있다. 지금까지 샤리아와 일반법 사이의 우선시 문제에 대해 명확한 기준은 없다. 다만, 실제 사례에서 일반법보다 샤리아를 우선시한 판례는 존재한다. 이슬람 금융을 이용하는 비무슬림들이 증가하고 있음을 고려한다면 준거법 문제도 명확히 해결해야 할 과제라 할 수 있다.

이슬람 금융의 전망

이슬람 금융 확대에 대한 비관론과 낙관론

이슬람 금융의 미래를 전망할 때 위에서 언급했던 과제 해결이 곤란하기 때문에 이슬람 금융 확대는 제한적일 것이라는 견해가 있다. 이슬람 국가들에서도 이슬람 금융의 점유율이 아직 낮은 상태로 상당 부분 일반 금융에 의존하고 있으며, 지금까지 이슬람 금융화에 실패한 예도 있다는 점들이 이 견해의 근거로 제시되고 있다. 또 이슬람 금융은 종교적으로 좌우되기 때문에 제공되는 금융 상품 역시 제약을 받아 유연한 금융 거래가 곤란하며, 이슬람 금융을 제공할 때도 샤리아 적격성 판단이 필요하여 추가 비용이 소요된다. 이 때문에 비관론에서는 이슬람 금융의 확대가 얼마간은 지속되겠지만 마침내 한계에 부딪쳐 대부분의 금융이 일반 금융에서 제공하는 것과 크게 달라지는 일은 없을 것이라고 예상한다.

한편 낙관론에서는 앞으로도 이슬람 금융은 강한 기세로 확대될 것이라고 예상하지만 어느 정도까지 확대해 나갈 것인지는 미지수라는 관점이다. 낙관론의 근거로는 무슬림들이 이슬람교로 회귀하고 있는 상황인데다가 무슬림 인구는 지속적으로 증가할 것이라는 점, 금융의 기술 진보에 따라 이슬람 금융 상품 및 서비스가 크게 확대하고 있다는 점, 지금까지는 소비금융 중심이던 이슬람 금융이 생산금융 분야 및 자본 시장으로까지 확대하고 있다는 점, 중동 및 아시아 같은 세계 성장 지역이 이슬람 금융의 주요 지역이라는 점 등을 제시하고 있다.

이들 요인을 바탕으로 지금까지 어쩔 수 없이 일반 금융을 이용할 수밖에 없었던 고객들이 이슬람 금융이 가능해질 경우 이슬람 금융을 보다 선호하게 될 것이라고 예상한다. 이 때문에 일반 금융에서 이슬람 금융으로 전환하는 상황이 더욱 진행될 것이고, 시장이 확대하고 유동성도 높아지면 보다 유리한 거래 조건이 제시될 수 있으므로 비무슬림들의 이슬람 금융 이용도 더욱 증가할 것으로 기대한다. 더욱이 지금까지는 시장으로서 거의 존재하지 않았던 이슬람 보험이 타카풀을 통해 개척된 것처럼 새로운 시장이 개척될 수도 있다. 이와 같은 이유들 때문에 낙관론은 이슬람 금융은 앞으로도 지속적으로 급속한 확대를 보일 것이라고 예상한다. 특히 GCC 국가들의 프로젝트 파이낸싱 시장과 스쿠크 시장을 통해 이슬람 금융이 확대해 나갈 것으로 기대한다.

이슬람 금융 전개를 위한 핵심 요인

낙관론이든 비관론이든 앞으로도 어느 정도는 이슬람 금융이 확대해 나갈 것이라는 점은 의심의 여지가 없다. 그래서 향후 이슬람 금융 확대에 반드시 필요하다고 생각되는 요인들을 몇 가지 지적해 두고자 한다.

① 페르시아 만 국가들의 동향

이슬람 윈도우는 정부가 국가 정책으로서 적극적으로 이슬람 금융 진흥에 진력하고 있기 때문에 앞으로도 이슬람 금융화가 발전하리라는 것은 거의 확실하다. 그리고 GCC 국가들에서는 바레인, 아랍에미리트연방(두바이) 등 중동의 금융 허브가 될 목표를 지닌 지역에서 이슬람 금융의 정비에 힘을 쏟고 있다.

그러나 GCC 국가들 중 최대 회원국인 사우디아라비아의 이슬람 금융에 대한 태도는 불투명하다. 사우디아라비아는 지금까지 은행 부문의 외자 참여에 대한 문호를 닫아걸고 있었지만, 최근 외자 진출을 수용하게 되면서 유럽 및 미국의 주요 금융기관에 의한 사우디아라비아 진출이 가속화되고 있다. 이에 따라 앞으로는 생산금융 분야 및 투자은행 업무 분야에서도 이슬람 금융이 확대될 것으로 예상된다. 1장에서도 언급했듯 사우디아라비아는 앞으로 금융 부문의 육성에 힘을 쏟을 방침인데다 '킹 압둘라 금융지구' 건설도 이미 발표된 상태다. 거액의 오일머니를 축적하고 있는 중동 최대의 사우디아라비아가 본격적으로 금융 부문을 육성하고, 나아가 이슬람 금융 육성에 힘을 쏟을 경우에는 상당한 영향이 미칠 것으로 예상된다.

그리고 GCC 국가들의 동향에서 간과할 수 없는 것이 2010년에 계획된 통화통합이다. 2010년 통화통합에 대해 오만이 통합 불참가를 표명했고, 쿠웨이트는 2007년 5월 20일에 미달러페그제(Pegged Exchange Rate System, 자국 통화와 미국 달러의 환율을 일정하게 유지하는 제도로 고정환율제도)에서 통화 바스켓 제도로 복귀할 것을 결정하는 등 통화통합이라는 목표 달성에는 어두운 그림자가 걸려 있다. 그러나 중기적으로 GCC 국가들의 통화통합이 달성된다고 할 경우 통화통합을 위해서는 금융 부문 및 금융 시스템이 어느 정도 통합되어야 하기 때문에 지역 전체에서 이슬람 금융의 표준화가 함께 추진될 것으로 기대된다.

② 런던의 동향

영국이 이슬람 금융의 진흥을 꾀하고 있는 것에 관해서는 앞에서도 언급했다. 또, 유럽 및 미국의 금융기관도 런던 시장에서 이슬람 금융을 취급하려는 움직임을 보이고 있다. 중동 국가들도 자금 조달과 자금 운용에서 런던 시장을 통해 유럽 및 미국의 금융기관을 상대로 이슬람 금융을 이용하는 사례가 증가하고 있다. 또한 영국 정부는 2008년 스쿠크 국채 발행 계획을 추진하고 있으며, 이것이 실현됐을 경우 스쿠크 지표종목(벤치마크)의 탄생 및 스쿠크 유통 시장의 육성이 기대된다. 런던 시장은 뉴욕 시장과 함께 세계 최대의 국제 금융 시장이다. 런던 시장에서 이슬람 금융이 확대된다는 것은 곧 세계에서 이슬람 금융이 확대되는 것으로 연결된다. 또 영국과 마찬가지로 무슬림 이민자들이 거주하는 독일, 프랑스와 같은 대륙 국가들에서도 이슬람 금융의 취급이 서둘러질 조짐이다.

③ 중동과 아시아를 연결하는 싱가포르 시상

세계 2대 성장 지역인 중동과 아시아는 앞으로도 높은 경제성장을 계속할 것으로 예상된다. 두 지역에서 투자 자금의 증가, 인프라 정비에 따른 자금 수요 증가가 예상되며, 이와 함께 두 지역 간의 자금 이동도 활발해질 것으로 예상된다. 그때 금융 인프라를 서둘러 정비한 싱가포르가 이슬람 금융을 제공하게 되면 중동 및 아시아 지역에서 국경을 초월한 이슬람 금융의 확대가 이루어질 것으로 예상된다.

④ 고도의 금융 기술을 지닌 유럽 및 미국의 주요 금융기관에 의한 이슬람 금융 추진

유럽 및 미국의 주요 금융기관들은 런던과 싱가포르에서도 적극적으로 업무를 전개하고 있고, 중동 지역에서도 점차 업무를 확대하고 있다. 유럽 및 미국의 주요 은행들은 주로 투자은행 분야에서 이슬람

금융으로 진출하고 있으며, 고도의 금융 기술, 폭넓은 고객 기반을
무기로 수요가 높아지면 적극적으로 이슬람 금융을 제공해 나갈 것
이다. 그때 이슬람 금융 상품의 새로운 개발 등 이슬람 금융 방식의
고도화가 기대된다.

⑤ 미국의 이슬람 금융 동향

금융 선진국인 미국에서는 이슬람 금융 확대가 그다지 진척되지
않고, 영국 등에 비해 크게 뒤처진 상태다. 미국에는 600~800만 명
의 무슬림들이 살고 있다고 추정되며, 미국의 금융기관이 최첨단 금
융 기술을 보유하고 있다는 점을 생각하면 미국에서 이슬람 금융이
확대될 요소는 충분하다고 할 수 있다.

미국의 이슬람 금융에 대한 최대 금융기관은 가이던스 파이낸셜
(Guidance Financial)로 고객은 5,000명 정도에 자산잔고는 8억
5,000만 달러에 지나지 않는다. 2위 시카고 데본 은행(Devon Bank
of Chicago)에서는 이슬람 주택 대출의 고객 수가 1,000명에도 못 미
친다. 또 이슬람 예금으로서 연방 예금 보험공사(Federal Deposit
Insurance Corporation)의 허가를 받은 유니버시티 은행(University
Bank Corp.)의 이슬람 예금 계좌는 150개, 약 1,300만 달러에 지나
지 않는다. 이처럼 미국의 이슬람 금융은 현 단계에서는 단순한 틈새
시장의 위치에 머물러 있다.

미국에서 이슬람 금융이 확대되지 않는 이유는 미국의 무슬림들이
지역적으로 분산되어 있어 무슬림 지역사회를 형성하지 않고 있다는

점, 미국 대부분의 무슬림들은 특히 9·11테러 이후 지역사회에 융화
하려는 경향이 강하여 무슬림만의 특징을 표출하고 싶어 하지 않는
다는 점, 그리고 고학력 무슬림들은 무이자 금융이라고 해도 실제는
일반 금융과 다름없을 것이라고 생각하고 이슬람 교리에 강한 집착
을 보이지 않는다는 점 등을 지적할 수 있다. 무슬림들이 지역적으로
분산되어 있다는 사실은 이슬람 은행이 업무를 시작할 때 효율적인
선전이 어렵다는 점과도 연관된다.

한편 미 당국에서도 상황을 관망하겠다는 판단으로 조회 건수가
있을 때는 개별적으로 대응해 나가겠다는 방침을 취하고 있다. 그러
나 이슬람 금융에 대한 분호를 개방하고 있지 않은 것은 아니고, 시
장은 이슬람 금융에도 열려 있다는 것이 공식적인 입장이다. 이를 뒷
받침하는 것으로는 통화감독청(Office of the Comptroller of the
Currency, OCC)이 1997년 쿠웨이크 유나이티드 은행(United Bank
of Kuwait)의 이자라 방식의 주택 대출을 허가해 주었다는 점, 1999년
에는 OCC가 무라바하 방식의 대출에도 허가를 내주었다는 점 등이
다. 일반 금융이 제공하는 수단과 경제적 기능이 같다면 문제없다는
것이 OCC의 판단이다. 그러나 이슬람 예금은 은행과 고객이 손익을
분담하는 것이기 때문에 미국에서는 은행 감독상 원금을 보증하는
일반 금융의 예금으로 인정될 수 없다. 그런 이유로 이슬람 금융에
남겨진 과제는 적지 않다.

이슬람 금융의 업무 운영에도 문제는 남아 있다. 이슬람 금융에서
자동차 파이낸싱을 취급할 경우 이슬람 은행은 자동차 딜러의 면허

가 필요하고, 이자라 방식의 주택 대출을 제공할 경우에는 리스 업자의 면허도 필요하다. 그리고 세제상에서는 주택 대출 금리일 경우 과세소득에서 공제되는데, 이슬람 주택 대출은 금리가 아니기 때문에 공제되지 않는다는 문제점도 있다.

미국 무슬림들의 특징, 미 당국의 이슬람 금융에 대한 태도를 통해서 보건대 앞으로도 미국에서 이슬람 금융이 확대될 가능성은 많지 않다는 견해가 많다. 뒤집어 말하면 예상과 달리 만약 미국에서 이슬람 금융의 확대가 이루어질 경우 세계적인 이슬람 금융 확대는 한순간에 이루어진다는 것이다. 덧붙여 미국 은행이 국외에서는 이슬람 금융 서비스 제공을 추진하고 있다는 점은 앞서 언급했던 대로다.

제 7 장

일본의 이슬람 금융

03

일본의
이슬람 금융에 대한 태도

2007년 1월에 이슬람 금융 서비스 위원회(IFSB), 국제협력은행, 해외투융자 정보재단이 주최하고, 재무성, 금융청, 일본은행의 후원으로 도쿄에서 '이슬람 금융 세미나' 가 개최되었다. 세계적으로 이슬람 금융이 확대하는 가운데 일본계 기업이 참가하는 중동 국가들의 프로젝트 파이낸싱 안건 등으로 이슬람 금융을 이용하기 시작한데다 일본 입장에서도 이슬람 금융을 무심히 대할 수 없게 되었다는 상황 판단 때문이었다.

그러나 이어 2007년 3월에 콸라룸푸르에서 이슬람 윈도우 중앙은행 주최로 열린 '글로벌 이슬람 금융 포럼(Global Islamic Finance Forum)' 은 출석자가 1,400명 가까이 되는 대규모 포럼이었으나, 이슬람 윈도우와 싱가포르의 일본계 기업 주재원(현지 직원을 포함)을 포함한 일본 관계자 출석은 25명에도 못 미치는 소수에 지나지 않았다. 이것은 이슬람 금융에 대한 일본의 관심이 크게 확대되지 않았다는 것을 증명한다.

내각의 경제재정 자문회의 글로벌화 개혁 전문 조사회에 설치된 금융 및 자본 시장 워킹그룹과 아시아·게이트웨이 전략회의의 보고서에 이슬람 금융이 거론되기도 하면서 당국의 연구는 상당 부분 진척되고 있지만, 현시점의 법제 및 세제상의 준비를 포함한 이슬람 금융에 대한 특별 대응은 취해지지 않고 있다. 국제협력은행의 스쿠크 발행도 진행은 되고 있지만 아직 실현 단계에까지는 이르지 않은 상태이다.

반대로 민간에서는 이슬람 금융에 관한 활동이 점차 확대되고 있다. 해외에서는 일본계 기업이 참가하는 중동 지역 투자 프로젝트에서 국제협력 은행이 이슬람 금융과 협조 융자를 실시하는 사례나 혹은 일본계 금융기관이 중동 지역에서 이슬람 금융을 시작하는 사례들도 나오고 있다. 또 앞에서 언급했듯이 이슬람 윈도우에서는 이온 크레디트 서비스 현지법인이 스쿠크 기채를 발행하여 이슬람 윈도우 미츠비시UFJ 은행, 미즈호 기업은행이 참여하고 있다. 두 은행은 이슬람 금융 서비스 위원회(IFSB)에 옵저버 자격으로 가맹했다. 또, 타카풀에 관해서는 밀레아 그룹에 의한 적극적인 업무 전개가 눈에 띈다.

해외 이슬람 자금의 일본 투자는 이들보다 앞서 시작되었다. 바레인의 이슬람 투자은행인 아라카피타 은행(Arcapita Bank)는 2005년

이슬람 금융

5월에 싱가포르 부동산 개발회사인 캐피털 랜드(Capital Land)와 공동으로 일본의 임대 맨션에 투자하는 부동산 펀드를 조성했다. 이 펀드는 도쿄, 오사카, 후쿠오카의 부동산을 취득했다. 노무라에셋 매니지먼트, DIAM 흥은제일(興銀第一) 라이프에셋 매니지먼트는 샤리아에 적합한 일본 주식 펀드를 운용하고 있다. 더욱이 상품 거래에서는 도쿄 공업품 거래소가 2005년 11월 바레인 중앙은행과 샤리아에 적합한 상품 거래를 가능하게 하기 위한 각서를 체결했다.

일본에서 이슬람 금융의 가능성

일본에서 이슬람 금융 전개가 활발히 추진되지 않는 가장 큰 요인은 무슬림 인구가 적기 때문이다. 등록 상황을 바탕으로 한 일본 무슬림 협회의 추정에 따르면 일본의 무슬림 인구는 7,000~1만 명 정도라고 한다. 1장에서 소개했던 세계 무슬림 인구 통계(World Muslim Population)는 이보다 많은 18만 명으로 추산하고 있지만, 그렇다 하더라도 총인구에서 차지하는 무슬림 인구의 점유율은 0.14%에 지나지 않는다.

이 때문에 일본에서는 애초부터 이슬람 금융의 수요가 없기 때문에 은행들이 국내에서 이슬람 금융을 전개할 만한 상황은 아니다.

그러나 국제적으로 이슬람 금융이 확대하는 가운데 일본에서도 앞

으로 이슬람 금융 참여를 위해 고민해야 할 시기다. 일본이 관련될
수 있는 이슬람 금융의 전개로는 크게 다음과 같은 4가지 경우를 생
각할 수 있다.

일본계 기업 및 일본계 해외 금융기관의 이슬람 금융 전개

이온 크레디트의 예를 통해 보듯이 해외로 진출한 일본계 기업이
이슬람 금융에서 자금을 조달하는 사례는 앞으로도 증가할 것이다.
이슬람 금융은 무슬림이 아니라도 이용할 수 있으며, 순수하게 자금
조달의 비용면에서 이슬람 금융이 보다 유리한 조건이라면 이슬람
금융을 이용하려는 선택도 증가할 것으로 보인다.

일본계 기업과 종합상사가 참여하는 중동 지역의 에너지 및 인프
라 정비 관련 프로젝트에서는 앞으로 고객의 요구에 따라 이슬람 금
융을 이용하는 경우가 더욱 증가할 것이다. 자금 조달에서 일본 은행
이 참여할 경우에는 이슬람 금융 형태의 융자와 기채에 관여하는 일
도 있을 수 있다. 따라서 일본 은행은 해외 지점 및 해외 현지법인 등
에서 이슬람 금융을 취급하는 일이 증가할 것이다.

이슬람 금융 상품이 증가하면서 매력적인 투자 대상이 될 경우 일본의 기관 투자가들에 의한 이슬람 금융 투자도 발생할 것이다.

이슬람 자금의 일본 투자

앞에서 말한 것처럼 이슬람 자금의 일본 투자는 벌써부터 출현한 상황이다. 앞으로 이슬람 자금이 더욱 증가할 것으로 예상되는 가운데 투자의 다양화 관점에서도 일본으로 투자하려는 이슬람 자금은 더욱 증가할 것으로 전망된다.

아시아 속의 일본으로서 아시아와 중동을 연결하는 자금 중개 기능

앞서 언급했던 금융 및 자본 시장 워킹그룹과 아시아 · 게이트웨이 전략회의에서도 도쿄 시장이 일본 국내가 아니라 국제적인 자금 중개 기능을 담당한다는 관점에서 이슬람 금융에 대한 참여가 검토되고 있다. 거듭 언급했듯이 성장 지역인 중동권과 아시아권 사이의 자본 이동은 앞으로 더욱 활발해질 것으로 예상된다. 특히 이 두 지역에서 이슬람 금융이 확대되는 경향을 보이고 있다는 점을 보면 두 지역간의 자본 이동에서 이슬람 금융이 담당하는 역할은 더욱 커질 것으로 보인다. 싱가포르가 두 지역 간의 중개 기능을 담당할 목적으로 이슬람 금융을 적극적으로 육성하고 있지만, 싱가포르 이상의 금융 자산을 지닌 아시아 최대의 금융시장인 도쿄 시장에 기대하는 부분도 크다. 이슬람 금융에 관한 국제적인 세미나 등의 발표자 및 참가자들 중에는 일본이 특히 스쿠크 유통 시장 육성에 주도적인 역할을 담당해 줄 것을 기대하는 목소리가 높다. 아시아 속의 일본으로서 이슬람 금융에 대한 활동 전개가 요구되는 시기다.

이상과 같이 일본에서는 이슬람 금융이 확대될 가능성은 없다 하더라도 국제적인 활동에서 일본계 기업 및 은행, 일본인 투자가 등이 이슬람 금융과 관련을 맺는 일은 앞으로 증가할 것으로 보인다. 그렇게 될 경우에 대비하여 법제 및 세제 정비가 필요하다. 다시 말해 일본 은행이 해외지점에서 이슬람 금융을 전개할 경우의 금융 감독, 혹은 일본 투자가가 이슬람 금융에 투자할 경우 수익에 대한 세제상의 취급, 그리고 이슬람 금융 형태에서 자금의 중개 기능을 담당할 경우 금융기관의 법제 및 세제상의 취급 등에 대한 정비가 그것이다. 구체적으로는 싱가포르와 영국에서 이슬람 금융을 육성하기 위해 취한 법제상(은행에 의한 실물자산매매 등), 세제상(수익을 이자로 간주하거나, 소비세와 인지세의 취급 등)의 조치가 필요하게 된다. 게다가 일본의 경우 가령 무라바하에서 이용되는 할부 판매와 이자라에서 이용되는 리스는 금융청이 아니라 경제산업성 관할이라는 것과 같은, 즉 이슬람 금융 형태의 경우 감독관청이 복수로 존재한다는 문제점도 있다. 따라서 법제 및 세제 정비시에는 관청을 망라한 통일적인 전개가 필요하다.

그리고 거듭 말했듯이 이슬람 금융은 샤리아 적격성과 같은 특별한 구조와 리스크를 지닌 시스템이다. 관련 당사자라면 반드시 이슬람 금융에 대한 지식을 축적해 두어야 한다.

앞으로 이슬람 금융이 어떻게, 또 얼마나 확대될 것인지는 미지수이지만, 최근의 국제정세를 살펴보면 이슬람 금융은 앞으로도 확대되리라는 것은 의심의 여지가 없다. 그만큼 이슬람 금융에 관여하게 될 가능성도 높아진다는 의미다. 지금 일본은 그것을 위해 준비해야 할 단계다.

맺는 말

    이슬람 금융은 이슬람교에 바탕을 둔 금융이기 때문에 이슬람교도가 아닌 사람은 접근하기 어렵고 이해하기 어렵다는 인상이 강하다. 그리고 이슬람 금융이 급속하게 확대하고 있는 것이 사실이라 하더라도 미래 선망에 판해서는 종교적인 부분이 강하세 혼새되어 있는 만큼 쉽사리 예측하기 쉽지 않다는 점이 있다.

    그러나 이슬람 금융에 대한 연구를 계속하는 과정에서 비이슬람교도인 필자가 느낀 것은 이슬람교라는 것이 생각보다 경직된 종교가 아니라 상당히 유연한 특징을 지녔다는 점이다. 뒤집어 말하면 어떤 상품을 거래할 경우 그것이 샤리아에 적격한 것인지 아닌지, 또는 이슬람 금융인지 아닌지에 따라 리스크는 뒤따르지만, 이슬람 금융 방식을 이슬람교와 엄격하게 연관지을 필요 없이 기존 금융의 한 수단으로서 받아들이면 된다는 것과도 동일한 의미다. 이슬람 금융은 비이슬람교도들도 이용할 수 있으며, 이슬람 금융을 포함하여 어떤 금융 수단을 선택할 것인지는 당사자에게 맡기면 될 일이다.

    앞으로 이슬람 금융, 특히 일본에서의 이슬람 금융을 생각할 때는 세계적으로 이슬람 인구가 증가할 것이며 마침내는 세계 최대의 종교가 될 수 있다는 것, 그 최대 분포 지역이 아시아와 중동이라는 점, 그리고 이 두 지역의 경제 관계가 매우 밀접한 상태이며, 또 두 지역에서 이슬람 금융이 확대되고 있다는 점 등을 고려하는 것이 중요 포인트가 될 것이다. 이 점만을 보아도 아시아의 일국으로서 아시아 최대의 금융시장을 갖고 있는 일본이 이슬람 금융에 관심을 가져야 할 필요성은 더 말할 것도 없다.

더욱이 최근에는 일본에 대한 중동 국가들의 기대감도 높아지고 있다. 그 기대감은 거액의 오일머니를 지닌 중동 국가들이 투자할 수 있는 대상으로서의 기대감, 그리고 경제 다양화 및 인프라 정비로 인해 자금 수요가 증가하는 중동 국가들에 대한 일본의 투자 기대라는 상반되는 기대 심리가 존재한다. 에너지의 대부분을 중동 국가들에 의존하는 일본에 중동 국가들의 기대감이 고조되고 있다는 현실은 두 지역간의 관계를 더욱 심화시킬 수 있는 절호의 찬스라 할 수 있다.

일본에는 무슬림 인구가 극히 적어 국내에서 이슬람 금융을 취급할 수 있는 환경이 아니라는 점은 분명하다. 국내 시장을 기대할 수 없는 이슬람 금융을 은행이 높은 비용을 들여서까지 일본 내에서 취급하려는 생각은 없을 것이다. 7장에서도 언급했듯이 일본이 이슬람 금융과 연결 고리를 지니는 부분은 일본의 이슬람 금융에 대한 투자, 그리고 해외의 이슬람 적격 자산의 일본 투자, 일본계 기업이 해외에서 전개하는 이슬람 금융 거래다.

적어도 일본은 이와 같은 이슬람 금융 거래가 가능할 수 있는 법제 및 세제상의 정비를 마련해 두어야 할 것이다. 그때 일본과 유사한 환경에서 이슬람 금융 거래에 관한 제도상의 정비를 추진하고 있는 싱가포르가 좋은 참고가 될 것이다. 중동 투자가들이 이슬람 금융에 적격한 자산을 일본에 투자하고 싶어할 경우 금융 서비스를 어떤 방식으로 제공할 수 있는지, 싱가포르에서 아시아 이슬람 은행(Islamic Bank of Asia)이 설립된 것처럼 중동 투자가들이 일본 내에서 합병을 통해 이슬람 은행을 설립하고 싶어할 경우 어떻게 대응할 것인지, 은행이 아닌 중동과 관련이 깊은 상사가 일본 내에서 이슬람 금융 거래를 개시하려고 할 경우 어떻게 대응할 것인지 등등을 준비해야 한다. 앞으로는 일본 역시 다양한 이슬람 금융과 연결 고리를 지니게 되리라는 예상은 부정할 수 없다.

따라서 일본 당국은 금융기관이나 민간에서 요구가 있을 때 즉시 이슬람 금융을 일반 금융과 동등하게 취급할 수 있는 법제 및 세제상의 정비를 추진해야 할 것이다. 그러나 일본이 처한 환경을 고려할 때 이슬람 금융에 관해 적극적인 민간의 요구가 존재하지는 않을 것이다. 그러나 반대로 갑작스러운 요구가 발생했을 경우 제도를 변경하는 데 시간이 걸려 결국 일본이 아닌 곳에서 거래가 이루어져 버리는 사태가 일어날 수도 있다. 국제정세를 주시하면서 당국이 보다 주도적으로 이슬람 금융에 대한 제도 정비를 꾀할 필요가 있다. 특히 이슬람 금융에 있어서는 실제 거래를 예상하기에 앞서 언제든지 거래 가능한 상황을 마련해 놓을 필요가 있다.

이슬람 금융에 관한 서적들이 거의 없는 일본에서 이 책이 간행될 수 있도록 기회를 주신 소텐샤 출판의 우에노 다카노부 사장님, 꼼꼼

하게 원고를 읽고 세세한 부분까지 지적해 주신 다지마 스미오 씨에
게 깊은 감사를 전한다.

누카야 히데키

〈참고문헌〉

- 무토 고지, '아시아로 확대되는 이슬람 금융', 〈ITI계보〉, 2001년 가을호.
- 무토 고지, '이슬람과 보험', 〈ITI계보〉, 2002년 봄호.
- 우라테 다카유키, '확대하는 이슬람 금융과 아시아 시장에 대한 이의제기', 노무라 자본 시장 연구소 〈자본시장 QUARTERY〉, 2006년 가을호.
- 요시다 에츠아키, '이슬람 금융의 현대적 발전과 일본 금융업계의 함의', 〈국제금융〉 1160호, 2006년 2월 15일.
- 요시다 에츠아키, '금융입국 싱가포르의 이슬람 금융 진흥책', 〈국제금융〉 1168호, 2006년 9월 1일.
- 나카가와 리카, '이슬람 윈도우의 이슬람 금융 현황과 과제', 〈The JAIAS Journal〉 7호, 2006년.
- 나카가와 리카, '개발 전략과 이슬람 금융 융합의 시도', 아시아 경제 연구소, 2006년.
- 누카야 히데키, '팽창하는 또 하나의 금융시장 – 이슬람 금융의 실태', 〈주간 이코노미스트〉, 2006년 10월 31일호.
- 세라 유이치, '이슬람 은행' 전국은행협회 〈금융〉, 2007년 2월호.
- 세라 유이치, '이슬람 채권 시장' 전국은행협회 〈금융〉, 2007년

3월호.

- 히로타 야스오, '확대하는 이슬람 금융시장의 현상과 과제', 〈국제금융〉 1175호, 2007년 4월 1일.
- 누카야 히데키, '이슬람 금융의 구조', 중앙경제사 〈순간(旬刊) 경리정보〉, 2007년 5월 1일호.

- Bank Negra Malaysia, Annual Report 각 연도.
- Bank Negra Malaysia, Financial Stability and Payment Systems Report 각 연도.
- Bank Negra Malaysia, "Shariah Resolutions in Islamic Finance", 2007.
- Securities Commission, "Malaysian ICM" 각호.
- State Bank of Pakistan, "Islamic Financial Bulletin" 각호.
- Rating Agency Malaysia Berhad, "Islamic Financial Bulletin" 각호.
- Angelo M Vernardos, "Islamic Banking & Finance In South-East Asia", World Scientific, 2006.
- Ataul Huq Pramanik, "Islamic Banking, How Far Have We Gone", International Islamic University Malaysia, 2006.
- Sheikh Ghazali Sheikh Abod, "An Introduction to Islamic Economics & Finance, "CERT Publication, 2005.

- Islamic Research & Traning Institute, Islamic Financial Services Board, "Islamic Financial Services Industry Development, Ten-Year Framework and Strategies", 2007.
- Mckinsey&Company, "Exploring Islamic Wholesale Banking Opportunities", 2006.

이슬람 금융 정보를 알기 위한 웹사이트

- 이슬람 국가 회의기구 http://www.oic-oci.org
- 이슬람 개발 은행 http://www.isdb.org
- 이슬람 윈도우 중앙은행 http://www.bnm.gov.my
- 바레인 중앙은행 http://www.cbb.gov.bh
- 두바이 국제 금융센터 http://www.difc.ae
- Muslim Population Worldwide http://www.islamicpopulation.com
- 이슬람 금융 서비스 위원회 http://www.ifsb.org
- 국제 이슬람 금융시장 http://www.iifm.net
- 이슬람 금융기관 회계 감독기구 http://www.aaoifi.com
- 이슬람 은행 금융기관 총평의회 http://www.cibafi.org
- 유동성 관리 센터 http://www.lmcbahrain.com
- 국제 이슬람 등급 평가 기관 http://www.iirating.com
- 이슬람 금융 교육 국제 센터 http://www.inceif.org

- Gulf Research Center http://www.grc.ae

- Global Investment House http://www.globalinv.net

이슬람 금융 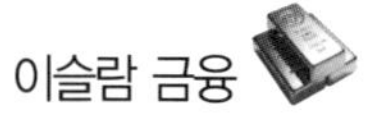

초판 인쇄 | 2009년 7월 5일
초판 발행 | 2009년 7월 15일

지은이 | 누타야 히데키
옮긴이 | 박미옥
펴낸이 | 심만수
펴낸곳 | (주)살림출판사
출판등록 | 1989년 11월 1일 제9-210호

주소 | 413-756 경기도 파주시 교하읍 문발리 파주출판도시 522-2
전화 | 031)955-1350   기획·편집 | 031)955-1372
팩스 | 031)955-1355
이메일 | book@sallimbooks.com
홈페이지 | http://www.sallimbooks.com

ISBN 978-89-522-1206-1   03320

책임편집 · 교정 : 박진희

값 13,000원